Die vier Jahreszeiten

Die vier Jahreszeiten

Gedichte

Herausgegeben von
Eckart Kleßmann

Philipp Reclam jun.
Stuttgart

Alle Rechte vorbehalten
© 1991 Philipp Reclam jun. GmbH & Co., Stuttgart
Satz und Druck:
Reclam, Ditzingen. Printed in Germany 2000
Buchbinderische Verarbeitung:
Sigloch Buchbinderei, Künzelsau
RECLAM ist eine eingetragene Marke
der Philipp Reclam jun. GmbH & Co., Stuttgart
ISBN 3-15-050031-1

Inhalt

Sommer

Herbst

Winter

Innenansichten der Natur

»Das alles wurde bedichtet«, heißt es in Karl Krolows Gedicht *Jahreszeiten*, und diese Auswahl aus deutschen Gedichten über Frühling, Sommer, Herbst und Winter bestätigt es: Was sich da zwischen den Stichtagen 20. März, 21. Juni, 23. September und 22. Dezember im Wechsel vollzieht, das alles wurde bedichtet. Aber was geht da vor? Eben nicht nur jene Veränderungen, die Spaziergänger, Gartenbesitzer und Bauern konstatieren und die der tägliche Wetterbericht uns verheißt. Was in diesen Gedichten geschieht, hat am wenigsten mit der Natur zu tun, aber das meiste mit dem Innenleben der Dichter. Kein Gedicht begnügt sich damit, Zustandsbeschreibungen aus der Natur zu versifizieren. Aber jedes Gedicht spricht von den Befindlichkeiten der Autoren, die jahreszeitlich bedingt sind oder zumindest von dorther motiviert erscheinen. Freilich sind Unterschiede in der Stimulierung durch Jahreszeiten nicht zu übersehen.

Die Klage Walthers von der Vogelweide über die Plagen des Winters ist verständlich in einer Zeit, da die grimmige Kälte und das Erstarren der Natur schmerzhaft am eigenen Leibe erlebt wurden. Für die Winter-Ästhetik späterer Zeiten fehlte dem mittelalterlichen Poeten jeder Sinn, denn in den schlechtgeheizten Behausungen, in denen die nicht vorhandenen Glasfenster keine Naturbetrachtung winterlicher Schönheit erlaubten, froren die Menschen zum Erbarmen. Der wohltemperierte Zeitgenosse von heute kann sich kaum vorstellen, was es bedeutete, die Hälfte eines Jahres in Permanenz frieren zu müssen.

Es ist folglich auch die Frühlingssehnsucht in jenen Zeiten durchaus recht materiell bedingt, denn die wiederkehrende Wärme taute nicht nur die Menschen auf, sie verhieß ebenso eine fruchtbringende Natur und somit ein Ende des tristen winterlichen Speisezettels, der den Menschen zwar satt, aber auch regelmäßig krank machte. Dies ist für uns, die wir unabhängig von den Jahreszeiten leben und die Möglichkeit haben, etwa den Winter allein durch das Besteigen eines Flugzeugs mit einem Sommer auszuwechseln, ebenfalls nicht leicht einzusehen.

Die ästhetischen Reize der Jahreszeiten werden erst spät entdeckt, in der deutschen Lyrik durch Barthold Hinrich Brockes, den Vater des deutschen Naturgedichts. Er wird nicht müde, die vielfältigen Schönheiten der Natur zu preisen und mit ihr die Reize der Jahreszeiten. Und er ist auch der erste, der des Zaubers der unbeachteten Einzelheiten gewahr wird: Er sieht den Frühling in Gestalt eines blühenden Kirschbaums in einer hellen Mondnacht, er schildert mit den Augen eines Malers das herbstliche Kolorit, er nimmt als erster die Beschaffenheit einer Schneeflocke wahr und die Eiskristalle an einem Baum. Nach Brockes ist das deutsche Naturgedicht völlig anders geworden: Die Dichter haben in seiner Schule sehen gelernt, und an Genauigkeit konnten Brockes nur ganz wenige übertreffen. Herder, Goethe, Mörike und Arno Schmidt wußten sehr wohl, warum sie diesen heute fast vergessenen Poeten so sehr bewunderten.

Zwar versäumt Brockes nicht, den moralischen Aspekt seiner frommen Naturbetrachtung herauszustellen, denn jede Schönheit dieser Erde ist ihm ein täglicher Beweis von Gottes Güte und Schöpferkraft. Aber die Natur spiegelt ihm noch nicht die eigene Gemütsverfassung. Das ändert sich in der zweiten Hälfte des 18. Jahrhunderts, wenn den Dichtern die jahreszeitlich sich verändernde Natur zum Spiegel ihrer Seele wird wie bei Klopstock und Hölty, wie bei Goethe und den Romantikern bis hin zu Rilke. Die herbstliche Erkenntnis Rilkes: »Und doch ist einer, welcher dieses Fallen / unendlich sanft in seinen Händen hält«, hätte Brockes' Beifall gefunden; die Tristesse des durch die entblätterten Alleen Gehenden projiziert die eigene Vereinsamung auf die Natur, in welchem Zeichen dann auch etwa Trakls Lyrik steht.

Die Poeten in der zweiten Hälfte des 20. Jahrhunderts sehen das anders. Das Liebeslied im Frühling, der Schwermutsgesang im Herbst bleibt den Dilettanten überlassen; präzise Zustandsbeschreibung dominiert. Nicht die Natur liefert das Stichwort für die Seele, sondern der Dichter bestimmt: »Ich spreche Mond. Da schwebt er.« Der Herbst ein Verfall, der Winter ein Tod, der Frühling die Auferstehung, der Sommer die Fülle – das alles gilt jetzt längst nicht mehr. Sehe ich's richtig, dann haben Herbst und Winter deutlich an Gunst gewonnen. Aber der Herbst ist nicht länger die Jahreszeit des Heimatlosen und Unbehausten, der Winter nicht länger die Monotonie tödlichen Erstarrens. »Das übrige besorgt der Dichter«, lautet Karl Krolows ironisches Fazit in einem Gedicht, das von »herbstlicher Resignation« spricht: Das Jahreszeiten-Gedicht bespiegelt sich, distanziert sich von sich selbst und stellt sich somit zur Disposition.

Das bedeutet aber noch lange nicht sein Ende. Gewiß, der Mensch entfremdet sich der Natur. Wenn die Klimaanlage uns vor zuviel Wärme oder Kälte schützt, wenn der Welthandel erlaubt, uns in der Ernährung jahreszeitlich unabhängig zu machen, wenn wir in wenigen Flugstunden Jahreszeiten nach Belieben wechseln, dann wächst die Entfremdung. Wie viele Singvögel vermögen wir noch spontan zu identifizieren nach Aussehen oder Gesang? Wie viele Blumen kennen wir mit Namen und wissen, wann sie gedeihen? Wissen wir noch, wann Erdbeeren reifen oder Birnen? Ist uns Schnee noch etwas anderes als eine ärgerliche Belästigung im Straßenverkehr? Wird eine Veränderung des Weltklimas unser Bild von den Jahreszeiten nicht tiefgreifend verändern?

Kein Dichter kann noch so tun, als beträfe ihn dies nicht. Das jahreszeitlich inspirierte Gedicht verändert sich. »Überlebende solange wir leben«, heißt es in einem Wintergedicht von Rolf Haufs. Das ist aber noch nicht das Mißtrauen gegen den vierfachen Rhythmus des Jahres, den die abendländische Dichtung bisher noch als verläßlich empfindet und dementsprechend auch in einer literarischen Tradition sieht, von der sich im Augenblick noch niemand löst oder lösen will.

»Prospero entsinnt sich immer, / Nie verliert er seinen Stab«, schließt Wilhelm Lehmanns »Windiger Februar«. Nun ist es nicht Prospero, der die Natur und mit ihr die Jahreszeiten schafft, aber es ist der Magier, dem der Naturzauber zu Gebote steht, und das macht ihn zum Bruder von Poet und Poetin, die jene Verse aussprechen, mit denen sie Jahreszeiten evozieren. »Der Sinn für Poesie«, sagt Novalis, dem die Nähe von Poet und Magier nicht fremd war, »hat nahe Verwandtschaft mit dem Sinn der Weissagung und dem religiösen, dem Sehersinn überhaupt. Der Dichter ordnet, vereinigt, wählt, erfindet – und es ist ihm selbst unbegreiflich, warum gerade so und nicht anders.«

Präludium

KARL KROLOW

Das Jahr

Es heißt, die Vögel
singen sich tot.
Das Frühjahr ist schwierig,
weil der Himmel
dreimal so schön ist.
Man spielt mit dem Leben
und merkt es nicht.
In einer Sommernacht
muß einer doch eine
Geliebte haben,
sagt Kleist in Thun.
Diesen Kleist
hat Robert Walser
im Wandern erfunden.
Das Gras
wächst nicht mehr höher,
und Gott im Sommer
ist rund: ein Lichtball.
Später friert man
zwischen den Schulterblättern,
will's nicht glauben.
Auch diesmal der Laubfall
und das Folgende.
Es ist noch nicht kalt,
aber die Freizeit draußen
wird schmal.
Auch in den dunklen,
frommen Novemberwochen
wird Fußball gespielt.

Du suchst ein Taschentuch
und findest die Seele.
Da stimmt etwas nicht.
Das Jahr ist um,
wie's im Kalender steht.

Jahreszeiten

Jeder Frühling beginnt mit Übertreibungen.
Wie atemlos, dieses Rascheln. Ein Farbstift
wird unruhig, und ein Staatsstreich kommt
aus der Luft, die Marseillaise der Vögel –

ein unwiderstehlicher Text. Über Nacht
kennt ihn jeder. Früher seufzte man,
man hatte mehr Zeit. Heute
ist alles rasch und endgültig grün.

Danach das ruhige Rauschen: der Sommer.
Vorbei die vertauschte Prinzessin, der bittere
                    Faulbaum.
Das alles wurde bedichtet. Doch nun
schützt sich ein jeder, so gut er kann,
vor dem Durst. Und der Traklsche Herbst
                    fängt an.

KARL ALFRED WOLKEN

Vermischung der Jahreszeiten

An meinem Sommer unterliegt der Winter
mit blauen Händen und verletzten Blicken
auch in den kleinen, dürren Vogelnestern:
verschwiegen, kärglich und in Licht getaucht.

Von Fegefeuern schwindender Vereisung
ein Rinnsal der Erschöpfung
verläuft in Windungen von keuschem
Zerschmelzen, das die Vogeleier wärmt.

So daß Dezember mit dem Staub von Sommern
verbündet gegen Nebel und Erkältung,
nicht Anfang und nicht Ende harten Frostes,
auf meine Schwelle süße Junifrüchte legt.

Die Scheite knirschen, Schollen morschen Eises.
Im Eis, im Holz ist Kälte warm zu Haus.
Sie dehnt sich auf den breiten Ofenbänken.
An grünen Kacheln lernt sie Heiterkeit.

Vorbei die Zeit, o Zeit! da mich ihr Frösteln
verbitterte und aus den Angeln hob!
Ich bin die Tür, durch die sie glühend schreitet
mit kleinen Schritten auf die Wärme zu.

Ihr Schnee wird blühen und ihr Schnee wird hingehn
auf meiner Walstatt wie in einem Jahr:
es wandelt sich der Frost zu kühlen Flüssen
und nährt die Blumen, die sein Eishauch brach.

DORIS RUNGE

jahreszeiten

frühling
dem bettler
das herz in den hut

sommer
kirschen und küsse
mit hartem kern

herbst
lüftet den hut
kahl ist das feld

winter
die alten bilder ins feuer
der rücken bleibt kalt

Frühling

FRIEDRICH HEBBEL

Vorfrühling

Wie die Knospe hütend,
  Daß sie nicht Blume werde,
Liegt's so dumpf und brütend
  Über der drängenden Erde.

Wolkenmassen ballten
  Sich der Sonne entgegen,
Doch durch tausend Spalten
  Dringt der befruchtende Segen.

Glühnde Düfte ringeln
  In die Höhe sich munter.
Flüchtig grüßend, züngeln
  Streifende Lichter herunter.

Daß nun, still erfrischend,
  Eins zum andern sich finde,
Rühren, alles mischend,
  Sich lebendige Winde.

DETLEV VON LILIENCRON

Vorfrühling am Waldrand

In nackten Bäumen um mich her der Häher,
Der ewig kreischende, der Eichelspalter,
Und über Farnkraut gaukelt nah und näher
Und wieder weiter ein Citronenfalter,
Ein Hühnerhabicht schießt als Mäusespäher,
Pfeilschnell knicklängs vorbei dem
                              Pflugsterzhalter,
Der Himmel lacht, der große Knospensäer
Und auf den Feldern klingen Osterpsalter.

HUGO VON HOFMANNSTHAL

Vorfrühling

Es läuft der Frühlingswind
Durch kahle Alleen,
Seltsame Dinge sind
In seinem Wehn.

Er hat sich gewiegt,
Wo Weinen war,
Und hat sich geschmiegt
In zerrüttetes Haar.

Er schüttelte nieder
Akazienblüten
Und kühlte die Glieder,
Die atmend glühten.

Lippen im Lachen
Hat er berührt,
Die weichen und wachen
Fluren durchspürt.

Er glitt durch die Flöte
Als schluchzender Schrei,
An dämmernder Röte
Flog er vorbei.

Er flog mit Schweigen
Durch flüsternde Zimmer
Und löschte im Neigen
Der Ampel Schimmer.

Es läuft der Frühlingswind
Durch kahle Alleen,
Seltsame Dinge sind
In seinem Wehn.

Durch die glatten
Kahlen Alleen
Treibt sein Wehn
Blasse Schatten.

Und den Duft,
Den er gebracht,
Von wo er gekommen
Seit gestern Nacht.

RAINER MARIA RILKE

Vorfrühling

Härte schwand. Auf einmal legt sich
              Schonung
an der Wiesen aufgedecktes Grau.
Kleine Wasser ändern die Betonung.
Zärtlichkeiten, ungenau,

greifen nach der Erde aus dem Raum.
Wege gehen weit ins Land und zeigens.
Unvermutet siehst du seines Steigens
Ausdruck in dem leeren Baum.

ERNST STADLER

Vorfrühling

In dieser Märznacht trat ich spät aus meinem Haus.
Die Straßen waren aufgewühlt von Lenzgeruch und
              grünem Saatregen.
Winde schlugen an. Durch die verstörte Häusersenkung
              ging ich weit hinaus
bis zu dem unbedeckten Wall und spürte: meinem
              Herzen schwoll ein neuer Takt entgegen.

In jedem Lufthauch war ein junges Werden ausgespannt.
Ich lauschte, wie die starken Wirbel mir im Blute rollten.
Schon dehnte sich bereitet Acker. In den Horizonten
        eingebrannt
war schon die Bläue hoher Morgenstunden, die ins Weite
        führen sollten.

Die Schleusen knirschten. Abenteuer brach aus allen
        Fernen.
Überm Kanal, den junge Ausfahrtswinde wellten,
        wuchsen helle Bahnen,
in deren Licht ich trieb. Schicksal stand wartend in
        umwehten Sternen,
In meinem Herzen lag ein Stürmen wie von aufgerollten
        Fahnen.

GEORG BRITTING

Vorfrühling

In das große, graue Himmelstuch
Ist ein blauer Streif gerissen.
Aufgeschlagen wie ein Buch
Liegt der Acker. Die zu lesen wissen

Lesen: Frühling! in der groben Schollenschrift.
Ackerfurchen sind wie krumme Zeilen,
Pappeln Ausrufzeichen, und zuweilen
Setzen Tümpel, die ein Lichtstrahl trifft

Hinter einen Satz ein Punkt.
Die Scheune mit dem grünen Dach,
Auf Bretterfüßen, morsch und schwach,
Ist von einem Lichterkranz umprunkt.

Drei Krähen, schwarz und in Talaren,
Hocken auf dem Heckenband.
Schlag in die Hand! In Federwindfanfaren
Schaukeln sie zum nächsten Ackerrand.

Ihre schwarzen Schatten schwanken
Spukhaft überm Wasserloch,
Wo sie krächzend niedersanken,
Sich schnell die Maus in ihren Höhlengang
                              verkroch.

JOHANNES POETHEN

Vorfrühling

Vor dem fenster im winde schaukelt der baum
wie die glieder von puppen zittern die äste
und am vorhang der wolken leuchten die falten
als begänne das spiel.

In den herzen der puppen ruhen die vögel
dort sind nester aus holz und schweigender seide
und die träume von grünen glänzenden fackeln.

Auf den stirnen der puppen wartet der schlaf
doch den mantel des windes nähte die sonne
er verjagt das weiße schlafen des schnees.

Wie erwachende glieder zittern die äste
und im blauen winde schaukelt der baum
es errötet am saume der vorhang aus wolken
als begänne das spiel.

REINER KUNZE

Vorfrühling

Die wiese, in der tiefe noch gefroren,
blüht vor möwen

Das ufer wäscht seine weiden

Die schleife, die der fluß zieht, bindet
mit jedem morgen fester

Der Früling
Lied /

Jm Ton: Christ unser HErr zum Jordan kam / etc.

1.

Der frohe Früling kommet an /
   der Schnee dem Klee entweichet:
Der Lentz / der bunte Blumen-Mann /
   mit linden Winden häuchet:
Die Erd' eröffnet ihre Brust /
   mit Safft und Krafft erfüllet:
der zarte West / der Felderlust /
   hat nun den Nord gestillet.

2.

Es hat der silberklare Bach
   den Harnisch ausgezogen:
es jagt die Flut der Flute nach /
   durch bunten Kiess gesogen.
Das Tauen nun die Auen frischt
   die weisse Wollen Herde
auf neubegrünten Tepicht tischt /
   und dantzet auf der Erde.

3.

Man hört die heisre Turteltaub /
   die Schwalb und Nachtigallen /
die grünlich weisse Blüt' und Laub /
   muß aus den Knöpfen fallen /

und bauen diesen Schatten-thron
   den Lufft- und Feldergästen.
Die Rosen knüpft der Dörner Kron
   von schwachen Stachel ästen.

4.

Die Sonne nunmehr stärcker scheint
   und machet früher wachen.
Allein der dürre Reben weint /
   wann Feld und Wälder lachen:
Die hochgeschätzte Tulipan /
   das Sinnbild auf dem Bette /
zieht ihre fremde Kleider an /
   und pranget in die wette.

5.

Der Jmmen Marckt / der Blumen Plan /
   Narcissen und Violen /
die Nelcken / Lilien / Majoran /
   ist nunmehr unverholen.
Die kleinen Hönig-Vögelein
   den Zucker distilliren /
und hencken in die Waxburg ein /
   was sie zusammen führen.

6.

Ach Gott der du mit so viel Gut
   bekrönst deß Jahres Zeiten /
laß uns auch mit erfreutem Muth
   zum Paradeiß bereiten:

Da wir dich werden für und für
  die schönste Schönheit finden /
dargegen diese schnöde Zier
  ist eitler Koth der Sünden.

HEINRICH ALBERT

Die Welt geht im Springen

Die Sonne rennt mit Prangen
Durch ihre Frühlingsbahn;
Und lacht mit ihren Wangen
Den runden Weltkreiß an.

Der Himmel kömmt zur Erden,
Erwärmt und macht sie naß;
Drum muß sie schwanger werden,
Gebieret Laub und Gras.

Der Westwind läßt sich hören,
Die Flora seine Braut,
Aus Liebe zu verehren,
Mit Blumen, Gras und Kraut.

Die Vögel kommen nisten,
Aus fremden Ländern her;
Und hängen nach den Lüsten,
Die Schiffe gehn ins Meer.

Der Schäfer hebt zu singen
Von seiner Phillis an;
Die Welt geht wie im Springen,
Es freut sich, was nur kann.

BARTHOLD HINRICH BROCKES

Kirsch-Blüte bei der Nacht

Ich sahe mit betrachtendem Gemüte
Jüngst einen Kirsch-Baum, welcher blühte,
In kühler Nacht beim Monden-Schein;
Ich glaubt', es könne nichts von größrer Weiße sein.
Es schien, ob wär ein Schnee gefallen.
Ein jeder, auch der kleinste, Ast
Trug gleichsam eine rechte Last
Von zierlich-weißen runden Ballen.
Es ist kein Schwan so weiß, da nemlich jedes Blatt,
Indem daselbst des Mondes sanftes Licht
Selbst durch die zarten Blätter bricht,
So gar den Schatten weiß und sonder Schwärze hat.
Unmöglich, dacht' ich, kann auf Erden
Was weißers ausgefunden werden.
Indem ich nun bald hin bald her
Im Schatten dieses Baumes gehe:
Sah ich von ungefehr
Durch alle Blumen in die Höhe
Und ward noch einen weißern Schein,
Der tausend mal so weiß, der tausend mal so klar,

Fast halb darob erstaunt, gewahr.
Der Blüte Schnee schien schwarz zu sein
Bei diesem weißen Glanz. Es fiel mir ins Gesicht
Von einem hellen Stern ein weißes Licht,
Das mir recht in die Seele strahlte.
   Wie sehr ich mich an GOtt im Irdischen ergetze,
Dacht' ich, hat Er dennoch weit größre Schätze.
Die größte Schönheit dieser Erden
Kann mit der himmlischen doch nicht verglichen
                       werden.

FRIEDRICH VON HAGEDORN

Der Frühling

Der malerische Lenz kann nichts so sinnreich bilden,
Als jene Gegenden von Hainen und Gefilden;
Der Anmut Überfluß erquickt dort Aug und Brust:
    O Licht der weiten Felder!
    O Nacht der stillen Wälder!
    O Vaterland der ersten Lust!

Dort läßt sich wiederum, in grünenden Tropheen,
Des Winters Untergang, der Flor des Frühlings sehen;
Sein schmeichelnder Triumph beglücket iede Flur:
    Die frohen Lerchen fliegen
    Und singen von den Siegen
    Der täglich schöneren Natur.

Der Bach, den Eis verschloß und Sonn und West
entsiegeln,
In dem sich Luft und Baum und Hirt und Herde
spiegeln,
Befruchtet und erfrischt das aufgelebte Land.
Dort läßt sich alles sehen,
Was Flaccus in den Höhen
Des quellenreichen Tiburs fand.

Fast ieder Vogel singt; es schweigen Nord und Klage!
Wie schön verbinden sich, zum Muster guter Tage,
Die Hoffnung künftger Lust, der itzigen Genuß!
Ihr stolzen, güldnen Zeiten!
Sagt, ob, an Fröhlichkeiten,
Auch diese Zeit euch weichen muß.

An Reizung kann mir nichts den holden Stunden
gleichen,
Da bei dem reinen Quell und in belaubten Sträuchen
Die alte Freundschaft scherzt, die junge Liebe lacht.
Am Morgen keimt die Wonne
Und steiget mit der Sonne
Und blüht auch in der kühlen Nacht.

Es spielen Luft und Laub; es spielen Wind und Bäche;
Dort duften Blum und Gras; hier grünen Berg und
Fläche:
Das muntre Landvolk tanzt; der Schäfer singt und
ruht:
Die sichern Schafe weiden,
Und allgemeine Freuden
Erweitern gleichfalls mir den Mut.

Es soll den Wald ein Lied von Phyllis Ruhm erfreuen;
Den Frühling will ich ihr und sie dem Frühling weihen.
Sie sind einander gleich, an Blüt und Lieblichkeit.
    Ihr frohnen meine Triebe,
    Ihr schwör ich meine Liebe,
    Fürs erste bis zur Sommers-Zeit.

JOHANN WOLFGANG GOETHE

Ganymed

Wie im Morgenglanze
Du rings mich anglühst,
Frühling, Geliebter!
Mit tausendfacher Liebeswonne
Sich an mein Herz drängt
Deiner ewigen Wärme
Heilig Gefühl,
Unendliche Schöne!

Daß ich dich fassen möcht
In diesen Arm!

Ach, an deinem Busen
Lieg ich, schmachte,
Und deine Blumen, dein Gras
Drängen sich an mein Herz.
Du kühlst den brennenden
Durst meines Busens,
Lieblicher Morgenwind!

Ruft drein die Nachtigall
Liebend nach mir aus dem Nebeltal.

Ich komm, ich komme!
Wohin? Ach, wohin?

Hinauf! Hinauf strebts.
Es schweben die Wolken
Abwärts, die Wolken
Neigen sich der sehnenden Liebe.
Mir! Mir!
In euerm Schoße
Aufwärts!
Umfangend umfangen!
Aufwärts an deinen Busen,
Alliebender Vater!

Frühzeitiger Frühling

Tage der Wonne,
Kommt ihr so bald?
Schenkt mir die Sonne,
Hügel und Wald?

Reichlicher fließen
Bächlein zumal.
Sind es die Wiesen?
Ist es das Tal?

Blauliche Frische!
Himmel und Höh!
Goldene Fische
Wimmeln im See.

Buntes Gefieder
Rauschet im Hain;
Himmlische Lieder
Schallen darein.

Unter des Grünen
Blühender Kraft
Naschen die Bienen
Summend am Saft.

Leise Bewegung
Bebt in der Luft,
Reizende Regung,
Schläfernder Duft.

Mächtiger rühret
Bald sich ein Hauch,
Doch er verlieret
Gleich sich im Strauch.

Aber zum Busen
Kehrt er zurück.
Helfet, ihr Musen,
Tragen das Glück!

Saget, seit gestern
Wie mir geschah?
Liebliche Schwestern,
Liebchen ist da!

LUDWIG CHRISTOPH HEINRICH HÖLTY

Frühlingslied

Die Luft ist blau, das Tal ist grün,
Die kleinen Maienglocken blühn,
Und Schlüsselblumen drunter;
    Der Wiesengrund
    Ist schon so bunt,
Und malt sich täglich bunter.

Drum komme, wem der Mai gefällt,
Und schaue froh die schöne Welt
Und Gottes Vatergüte,
    Die solche Pracht
    Hervorgebracht,
Den Baum und seine Blüte.

JOHANN GAUDENZ VON SALIS-SEEWIS

Frühlingslied

Unsre Wiesen grünen wieder,
Blumen duften überall;
Fröhlich tönen Finkenlieder,
Zärtlich schlägt die Nachtigall.
Alle Wipfel dämmern grüner,
Liebe girrt und heckt darin;
Jeder Schäfer wird nun kühner,
Sanfter jede Schäferin.

Blüten, die die Knosp entwickeln,
Hüllt der Lenz in zartes Laub;
Färbt den Sammet der Aurikeln,
Puder sie mit Silberstaub.
Sieh! das holde Maienreischen
Dringt aus breitem Blatt hervor,
Beut sich zum bescheidnen Sträußchen
An der Unschuld Busenflor.

Auf den zarten Stengeln wanken
Tulpenkelche, rot und gelb,
Und das Geisblatt flicht aus Ranken
Liebenden ein Laubgewölb.
Alle Lüfte säuseln lauer
Mit der Liebe Hauch uns an;
Frühlingslust und Wonneschauer
Fühlet was noch fühlen kann.

LUDWIG UHLAND

Frühlingsglaube

Die linden Lüfte sind erwacht,
Sie säuseln und weben Tag und Nacht,
Sie schaffen an allen Enden.
O frischer Duft, o neuer Klang!
Nun, armes Herze, sei nicht bang!
Nun muß sich alles, alles wenden.

Die Welt wird schöner mit jedem Tag,
Man weiß nicht, was noch werden mag,
Das Blühen will nicht enden.
Es blüht das fernste, tiefste Tal:
Nun, armes Herz, vergiß der Qual!
Nun muß sich alles, alles wenden.

JOSEPH VON EICHENDORFF

Frische Fahrt

Laue Luft kommt blau geflossen,
Frühling, Frühling soll es sein!
Waldwärts Hörnerklang geschossen,
Mut'ger Augen lichter Schein;
Und das Wirren bunt und bunter
Wird ein magisch wilder Fluß,
In die schöne Welt hinunter
Lockt dich dieses Stromes Gruß.

Und ich mag mich nicht bewahren!
Weit von euch treibt mich der Wind,
Auf dem Strome will ich fahren,
Von dem Glanze selig blind!
Tausend Stimmen lockend schlagen,
Hoch Aurora flammend weht,
Fahre zu! ich mag nicht fragen,
Wo die Fahrt zu Ende geht!

Frühlingsnacht

Übern Garten durch die Lüfte
Hört ich Wandervögel ziehn,
Das bedeutet Frühlingsdüfte,
Unten fängt's schon an zu blühn.

Jauchzen möcht ich, möchte weinen,
Ist mir's doch, als könnt's nicht sein!
Alte Wunder wieder scheinen
Mit dem Mondesglanz herein.

Und der Mond, die Sterne sagen's,
Und in Träumen rauscht's der Hain,
Und die Nachtigallen schlagen's:
Sie ist Deine, sie ist dein!

Ostern

Vom Münster Trauerglocken klingen,
Vom Tal ein Jauchzen schallt herauf.
Zur Ruh sie dort dem Toten singen,
Die Lerchen jubeln: wache auf!
Mit Erde sie ihn still bedecken,
Das Grün aus allen Gräbern bricht,
Die Ströme hell durchs Land sich strecken,
Der Wald ernst wie in Träumen spricht,
Und bei den Klängen, Jauchzen, Trauern,
So weit ins Land man schauen mag,
Es ist ein tiefes Frühlingsschauern
Als wie ein Auferstehungstag.

Frühling

Über blaue Berge fröhlich
Kam der bunte Schein geflossen,
In den Schimmer rief ich selig:
»Freu dich nur, jetzt wirds vollendet!«
Doch der Frühling ist vergangen,
Was ich innigst hofft' und strebte
Blieb ein unbestimmt Verlangen.

Und nach langem trüben Schweigen
Kamen goldne Tage wieder.
Blaue Berge, alte Zeiten,
Blumen, Sterne, Ström' und Lieder
Woben wunderbar ein Netze,
Und das schlang sich um die Glieder,
Zog so innig fest und fester
Mich ans Herz der Erde nieder,
Und so schlummert' ich und träumte
Von der allerschönsten Braut. –

NIKOLAUS LENAU

Liebesfeier

An ihren bunten Liedern klettert
Die Lerche selig in die Luft;
Ein Jubelchor von Sängern schmettert
Im Walde voller Blüt und Duft.

Da sind, so weit die Blicke gleiten,
Altäre festlich aufgebaut,
Und all die tausend Herzen läuten
Zur Liebesfeier dringend laut.

Der Lenz hat Rosen angezündet
An Leuchtern von Smaragd im Dom;
Und jede Seele schwillt und mündet
Hinüber in den Opferstrom.

EDUARD MÖRIKE

Er ists

Frühling läßt sein blaues Band
Wieder flattern durch die Lüfte;
Süße, wohlbekannte Düfte
Streifen ahnungsvoll das Land.
Veilchen träumen schon,
Wollen balde kommen.
– Horch, von fern ein leiser Harfenton!
Frühling, ja du bists!
Dich hab ich vernommen!

Im Frühling

Hier lieg ich auf dem Frühlingshügel:
Die Wolke wird mein Flügel,
Ein Vogel fliegt mir voraus.
Ach, sag mir, all-einzige Liebe,
Wo *du* bleibst, daß ich bei dir bliebe!
Doch du und die Lüfte, ihr habt kein Haus.

Der Sonnenblume gleich steht mein Gemüte offen,
Sehnend,
Sich dehnend
In Lieben und Hoffen.
Frühling, was bist du gewillt?
Wann werd ich gestillt?

Die Wolke seh ich wandeln und den Fluß,
Es dringt der Sonne goldner Kuß
Mir tief bis ins Geblüt hinein;
Die Augen, wunderbar berauschet,
Tun, als schliefen sie ein,
Nur noch das Ohr dem Ton der Biene lauschet.
Ich denke dies und denke das,
Ich sehne mich, und weiß nicht recht, nach was:
Halb ist es Lust, halb ist es Klage;
Mein Herz, o sage,
Was webst du für Erinnerung
In golden grüner Zweige Dämmerung?
– Alte unnennbare Tage!

Frühling

Nun ist er endlich kommen doch
In grünem Knospenschuh;
»Er kam, er kam ja immer noch«,
Die Bäume nicken sich's zu.

Sie konnten ihn all erwarten kaum,
Nun treiben sie Schuß auf Schuß;
Im Garten der alte Apfelbaum,
Er sträubt sich, aber er muß.

Wohl zögert auch das alte Herz
Und atmet noch nicht frei,
Es bangt und sorgt: »Es ist erst März
Und März ist noch nicht Mai.«

O schüttle ab den schweren Traum
Und die lange Winterruh:
Es wagt es der alte Apfelbaum,
Herze, wag's auch *du*.

CHRISTIAN WAGNER

Ostersamstag

Wie die Frauen
Zions wohl dereinst beim matten Grauen
Jenes Trauertags beisammen standen,
Worte nicht mehr, nur noch Tränen fanden;

So noch heute,
Stehen als in ferne Zeit verstreute
Bleiche Zionstöchter, Anemonen,
In des Nordens winterlichen Zonen:

Vom Gewimmel
Dichter Flocken ist er trüb der Himmel;
Traurig stehen sie die Köpfchen hängend,
Und in Gruppen sich zusammendrängend.

Also einsam,
Zehn und zwölfe hier so leidgemeinsam,
Da und dort verstreut auf grauer Öde,
Weiße Tüchlein aufgebunden Jede.

Also trauernd,
Innerlich vor Frost zusammenschauernd,
Stehn alljährlich sie als Klagebildnis,
In des winterlichen Waldes Wildnis.

Du Erdenelend aber sollst nicht düstern
Mit deinen rohen tückischen Geschwistern
Die Tempelburgen hoher Gottesstirnen
Der Erdgehügel diamantne Firnen.

Frühling ist wiedergekommen. Die Erde
ist wie ein Kind, das Gedichte weiß;
viele, o viele ... Für die Beschwerde
langen Lernens bekommt sie den Preis.

Streng war ihr Lehrer. Wir mochten das Weiße
an dem Barte des alten Manns.
Nun, wie das Grüne, das Blaue heiße,
dürfen wir fragen: sie kanns, sie kanns!

Erde, die frei hat, du glückliche, spiele
nun mit den Kindern. Wir wollen dich fangen,
fröhliche Erde. Dem Frohsten gelingts.

O, was der Lehrer sie lehrte, das Viele,
und was gedruckt steht in Wurzeln und langen
schwierigen Stämmen: sie singts, sie singts!

ERNST STADLER

Resurrectio

Flut, die in Nebeln steigt. Flut, die versinkt.
O Glück: das große Wasser, das mein Leben
                überschwemmte, sinkt, ertrinkt.
Schon wollen Hügel vor. Schon bricht gesänftigt
                aus geklärten Strudeln Fels und Land.

Bald wehen Birkenwimpel über windgesträhltem
                    Strand.
O langes Dunkel. Stumme Fahrten zwischen Wolke,
                    Nacht und Meer.
Nun wird die Erde neu. Nun gibt der Himmel aller
                    Formen zarten Umriß her.
Herzlicht von Sonne, das sich noch auf gelben Wellen
                    bäumt –
Bald kommt die Stunde, wo dein Gold in grünen
                    Frühlingsmulden schäumt –
Schon tanzt im Feuerbogen, den der Morgen übern
                    Himmel schlägt,
Die Taube, die im Mund das Ölblatt der
                    Verheißung trägt.

JOACHIM RINGELNATZ

Frühling hinter Bad Nauheim

Zwei Eier, ein Brötchen, ein Hut und ein Hund –.
Am Himmel die weiße Watte,
Die ausgezupft
Den Himmel ohne Hintergrund
So ungebildet übertupft,
Erzählt mir, was ich hatte.

Erzählt mir, was ich war.
Ich hatte, was ich habe.
Aber was weiß ich, was ich bin?!
Genau so dumm und vierzig Jahr?

Ich fliege, ein krächzender Rabe,
Über mich selber hin.

Ich bin zum Glück nicht sehr gesund
Und – Gott sei Dank –
Auch nicht sehr krank.

Der Wind entführt mir meinen Hund.
Die Eier, der Kognak, das Brötchen
Schmecken heute besonders gut:
Und siehe da: Mein alter Hut
Macht Männchen und gibt Pfötchen.

Frühling

Die Bäume im Ofen lodern.
Die Vögel locken am Grill.
Die Sonnenschirme vermodern.
Im übrigen ist es still.

Es stecken die Spargel aus Dosen
Die zarten Köpfchen hervor.
Bunt ranken sich köstliche Rosen
In Faschingsgirlanden empor.

Ein Etwas, wie Glockenklingen,
Den Oberkellner bewegt,
Mir tausend Eier zu bringen,
Von Osterstören gelegt.

Ein süßer Duft von Havanna
Verweht in ringelnder Spur.
Ich fühle an meiner Susanna
Erwachende neue Natur.

Es lohnt sich manchmal, zu lieben,
Was kommt, nicht ist oder war.
Ein Frühlingsgedicht, geschrieben
Im kältesten Februar.

GEORG TRAKL

Im Frühling

Leise sank von dunklen Schritten der Schnee,
Im Schatten des Baums
Heben die rosigen Lider Liebende.

Immer folgt den dunklen Rufen der Schiffer
Stern und Nacht;
Und die Ruder schlagen leise im Takt.

Balde an verfallener Mauer blühen
Die Veilchen,
Ergrünt so stille die Schläfe des Einsamen.

BERTOLT BRECHT

Das Frühjahr

1

Das Frühjahr kommt.
Das Spiel der Geschlechter erneuert sich
Die Liebenden finden sich zusammen.
Schon die sacht umfassende Hand des Geliebten
Macht die Brust des Mädchens erschauern.
Ihr flüchtiger Blick verführt ihn.

2

In neuem Lichte
Erscheint die Landschaft den Liebenden im
                              Frühjahr.
In großer Höhe werden die ersten
Schwärme der Vögel gesichtet.
Die Luft ist schon warm.
Die Tage werden lang und die
Wiesen bleiben lang hell.

3

Maßlos ist das Wachstum der Bäume und Gräser
Im Frühjahr.
Ohne Unterlaß fruchtbar
Ist der Wald, sind die Wiesen, die Felder.
Und es gebiert die Erde das Neue
Ohne Vorsicht.

GÜNTER EICH

Frühlingsbeginn

Aus dem wochenlang verhangnen Himmel
überquillt das angestaute Licht.
Im verzerrten Spiegelbild der Augen
blickt der Regen aus dem Angesicht.

Was an Staub, an Schwamm und schwarzem
                        Schimmel
aus der Dunkelheit der Stuben wuchs,
drängt ins dumpfe Wort und wird vernehmlich
im Gemurmel eines Leichenzugs.

Öffnen sich die winterfeuchten Ställe,
schäumt das Licht zurück ins Wolkenblau,
Ätherglanz, zersetzt von Silodünsten
und dem schrillen Todesschrei der Sau.

Bittres Frühlingslicht, es keimt die Reinheit
tiefst gefaltet im Kastanientrieb,
nah dem Grauen, welches ungestaltet
wie Rachitis in den Ästen blieb.

Es gibt den Frühling

Es gibt den Frühling
von Botticelli
mit den bekannten Attributen –
eine schwierige Zeit
für Jungfrauen.

Die Häuserecken stinken
nach faulenden Hyazinthenzwiebeln.

Es gibt die Hand
unterm Rock und die spätere
Mutterschaft.

An der Straßenecke
verkauft eine dicke Person
Märzbecher.
Es ist windig.
Man riecht die Abfälle
des Winters.

Es gibt das Wiedersehen
mit der gewellten Luft,
wenn es zum erstenmal richtig
warm ist, mit Kopfweh
und müden Schulterblättern.

Frühjahr der alten Leute

Frühjahr. Elemente
der Wiederholung.
Es gibt verschiedene
Szenen. Ein Vorhang
wird zurückgezogen.
Alle sehen, was kommt:
grün, gelb,
die Verabredung
einzelner Farben
auf einer Bühne.
Ein zögerndes Theater.
Das Publikum besteht
aus alten Leuten,
die aufatmen.

KARL ALFRED WOLKEN

Wir warn ja winters wie zerrissen

Derweil wir still und märzlich treiben
mischt andre Erde, andres Licht
April grün hinter grauen Scheiben
und tauscht dir mein
und tauscht mir dein
entwundenes Gesicht.
Verhängt ein ungehemmtes Sprießen,
das winters nicht so an den Basten riß,
bis es uns umwälzt, hinmäht von den Füßen
und überwältigt uns mit seinem gelben Biß.

Von meinen Zähnen sollst du reichlich spüren,
als bissen März dich und April
durch deine Haut und schnitten dich mit Schnüren
und du fielst dahin, wo ich fallen will:
nicht auf die Knie, aber auf den Rücken,
erwartend, daß Vergängliches geschieht –
wir warn ja winters wie zerrissen,
bald ist April, ich will mich zu dir bücken,
dich überwältigen und niederdrücken
und lösen wie mit einem Vogellied.

DIETER HOFFMANN

Frühlingsdekorationen

Die Deflorierten dekorieren.
Die Mädchen straffen sich –
als schöpften sie aus einem reinen Quell.
Unter den Kaufhaus-Arkaden.
Sie stecken Preisschilder an.
Vögel sind ausgestopft,
ihre Stimme ist aufgenommen.
Frühling läßt sein blaues Band.
Nestle-Milch und kaffeebraune Strümpfe.
Schaufenster.
Stecknadeln zwischen den Lippen.

DORIS RUNGE

frühling im park

grüner fleck betongefaßt
weiße bänke rentnerrast
zaungäste und insulaner
pudel pinscher persianer
veilchen ja vergißmeinnicht
eine rose drängt ins licht
junger trieb auf schwarzem hut
im schatten blieb gebeugt
gebeutelt ausgeklinkt prost
korn zum kaltgewordenen leben

ULRICH SCHACHT

Dänischer Frühling

Über
bereitetem Boden
seit Tagen wachsen
die Vogel

Laute
im Mittagsglast noch
wirbelt dieser und
jener Windstoß
Staub

auf zeigt
sich der Sund
unverstellt dem
kommen Wellen entgegen
grün gelb und weiß werden
sie sein die zu hören
sind schon seit
Tagen

JOHANN GAUDENZ VON SALIS-SEEWIS

Märzlied

Nun, da Schnee und Eis zerflossen
Und des Angers Rasen schwillt,
Hier an roten Lindenschossen
Knospen bersten, Blätter sprossen,
Weht der Auferstehung Odem
Durch das keimende Gefild.

Veilchen an den Wiesenbächen
Lösen ihrer Schale Band;
Primelngold bedeckt die Flächen;
Zarte Saatenspitzen stechen
Aus den Furchen; gelber Krokus
Schießt aus warmem Gartensand.

Alles fühlt erneutes Leben:
Die Falänen die am Stamm
Der gekerbten Eiche kleben,

Mücken, die im Reigen schweben,
Lerchen, hoch im Ätherglanze,
Tief im Tal das junge Lamm!

Seht! erweckte Bienen schwärmen,
Um den frühen Mandelbaum;
Froh des Sonnenscheins erwärmen
Sich die Greise; Kinder lärmen
Spielend mit den Ostereiern
Durch den weißbeblümten Raum.

Sprießt, ihr Keimchen, aus den Zweigen,
Sprießt aus Moos das Gräber deckt!
Hoher Hoffnung Bild und Zeugen,
Daß auch wir der Erd entsteigen,
Wann des ewgen Frühlings Odem
Uns zur Auferstehung weckt!

DETLEV VON LILIENCRON

Märztag

Wolkenschatten fliehen über Felder,
Blau umdunstet stehen ferne Wälder.

Kraniche, die hoch die Luft durchpflügen,
Kommen schreiend an in Wanderzügen.

Lerchen steigen schon in lauten Schwärmen,
Überall ein erstes Frühlingslärmen.

Lustig flattern, Mädchen, deine Bänder;
Kurzes Glück träumt durch die weiten Länder.

Kurzes Glück schwamm mit den Wolkenmassen;
Wollt es halten, mußt es schwimmen lassen.

GEORG VON DER VRING

Märztag

Übers Braun der kahlen Matten
Ging dein Blick zu fahlen Hügeln:

Augen wie aus Veilchenschatten,
Wimpern wie aus Falterflügeln –

Blick, den schon der Frühling füllte,
Als ihn März dir noch verhüllte.

GÜNTER EICH

Märzmorgen

Geflecktes Fell
Aus Boden und Schnee.
Es bleckt die Zähne
die Weidenchaussee.

Rührt sich ein Leib,
ein schlafendes Tier,
erschauernder Erde
Begattungsbegier?

Es zuckt unterm Lichte
die Pantherhaut.
Im Schamgesträuch
der Nachtreif taut.

März

Manche hoffen noch,
das Jahr werde hier enden.
Aber die Abflüsse des Schnees
sind ohne Mitleid.

Schwarz von Schlaf
das Fell des Maulwurfs.
Ihm, der dir zugetan ist,
vergehen die Wochen,
während das Hagelkorn
auf deinem Handrücken schmilzt.

In eine Schiefertafel eingegraben
kehrt die Kindheit zurück:
Das Gras richtet sich auf und horcht.

ILSE AICHINGER

Märzwunsch an den Garten

Bleib ein Panther,
Schwärzling,
gefleckt und hungrig
auf Osterdienstage,
Regenstränge,
Rosenkranzgesetze,
auch auf solche,
die nachlassen,
auf die verworfenen Gewinne
aus Kinderlotterien,
den Inhalt
süßer, inhaltsloser Episteln,
bleib so,
naß und zornig,
wie du jetzt bist,
bereit,
von den ersten Kätzchen
bis zum Wetzstein
und zur langen Grenze
alle
und mit allen Unterschieden
zu verschlingen,
bleib so,
bleib hungrig
auf uns.

Chiemsee im März

Zuflucht für Grau
Gipfelschneespiegel
worin Bleßhühner Risse ziehn
Schlafplatz für Wolken
bis ein sanfter Wind
die Fläche kräuselt
und der Himmel
den Spiegel neu
mit Quecksilber beschichtet

Unterwegs im März

Meine Augen saugen das erste Grün
aus den Gärten hinter den Häusern
den ersten Weinbergflaum
rauben den Bahndamm aus
die Wiesen unter den schwarzen
                    Obstbaumskeletten
während an den Bergen noch
Schneefetzen hängen
mich erinnernd
wie unbeirrbar ich winters
meiner Erfahrung mißtraute
dem Gras

Märzfrühe

Schwingen die Flügel der Amseln wie warme
Winde aus Süden mir über die Haut,
schleuder ich Märzschnee mit lockerem Arme,
eh ihn die wachsende Sonne zertaut.

Erbärmlicher Rest der geschmolzenen Kälte
in Mulden voll Winter, nicht Wasser, nicht Schnee –
schon ragt mir ins Auge ein grauer, erhellter
März mit der Ahnung von üppigem Klee.

Im leeren Geäste die Wohnung der Vögel.
Ein Wind, ein West, fährt hinein und hinaus.
Mir bläht er die Jacke zum knatternden Segel
und dudelt betrunken vom Wunder des Blaus.

Verflossene Schneeflut, o wässriges Gestern –
neuer und hart und betaut
steigt mir der Tag aus dem Fluß und dem festern
vom Winter versteinten, vorjährigen Kraut.

SARAH KIRSCH

März

Weiße Zähne die
Schneeglöckchenzwiebeln beim Graben
Schwarz schwarz das Erdreich o weh
Sagt mein Kind wenn es das Wort
Gras rückwärts liest oder Leben

ROLF HAUFS

Tag im März

Gefiltert dann geblendet dann
Den Atem angehalten Soll da
Noch Schatten sein Huscht über
Rote Dächer Rauch noch immer Rauch
Märzrauch braunes Feld
Weit vor der Stadt Vielleicht schon grün

Unter unsern Kleidern frieren
Wir schon lange Auf einmal
Wolke Leichter Schneefall
Einen Menschen kennst du schon
Ein andrer rennt dir
Vor die Füße Tritt
Lernst nur schwer

ULLA HAHN

Schneefall im März

Schnee fällt im März die Weiden
rollen die Kätzchen ein braunes Gras
duckt sich im Wind
läuten Schneeglöckchen Sturm

Alle Knospen schlagen zurück
in die Zweige die Bäume legen
die Äste an in den Vorgärten
zucken die Sträucher zusammen

Kein Mensch in Sicht.

JOHANN WOLFGANG GOETHE

April

Augen, sagt mir, sagt, was sagt ihr?
Denn ihr sagt was gar zu Schönes,
Gar des lieblichsten Getönes;
Und in gleichem Sinne fragt ihr.

Doch ich glaub euch zu erfassen:
Hinter dieser Augen Klarheit
Ruht ein Herz in Lieb und Wahrheit
Jetzt sich selber überlassen,

Dem es wohl behagen müßte,
Unter so viel stumpfen, blinden
Endlich einen Blick zu finden,
Der es auch zu schätzen wüßte.

Und indem ich diese Chiffern
Mich versenke zu studieren,
Laßt euch ebenfalls verführen,
Meine Blicke zu entziffern!

THEODOR STORM

April

Das ist die Drossel, die da schlägt,
Der Frühling, der mein Herz bewegt;
Ich fühle, die sich hold bezeigen,
Die Geister aus der Erde steigen.
Das Leben fließet wie ein Traum –
Mir ist wie Blume, Blatt und Baum.

GEORG HEYM

April

Das erste Grün der Saat, von Regen feucht,
Zieht weit sich hin an niedrer Hügel Flucht.
Zwei große Krähen flattern aufgescheucht
Zu braunem Dorngebüsch in grüner Schlucht.

Wie auf der stillen See ein Wölkchen steht,
So ruhn die Berge hinten in dem Blau,
Auf die ein feiner Regen niedergeht,
Wie Silberschleier, dünn und zitternd grau.

HANS-JÜRGEN HEISE

April

So lange
leuchtet die Tulpe

bis das Mädchen
den Kreisel die Peitsche
vergißt und weiß

es wird
Gärtnerin sein

SARAH KIRSCH

April

Wie Fliederdolden sitzen die
Blauen Krähen jetzt in den Büschen
Träge Federtiere wenn die Geduld
Durch den alten Teppich der Wiese
Wieder den Faden zieht das beliebte
Muster vom Vorjahr entsteht. Solange
Das Leben sein eigenes Spiegel-
Bild ist erschrecken wir nicht.

ULRICH SCHACHT

Marrebaeker April

Erde in
die Sonne
bricht Schwaden
ziehn ablandiger Wind reißt
in Stücke das Stunden
Tuch Rauch

Säulen
umgeben die
Höfe schweben vorm
Weidensaum kahlköpfige
Demut bis zum

Sund. Was
uns entgegentanzt
stimmenlos
ungreifbar hat
seinen Ort eine Hand
breit über dem
Boden seinen

Grund überm
Gewölk

WALTHER VON DER VOGELWEIDE

Mvget ir schöwen, was dem meigen
wunders ist beschert?
seht an pfaffen, seht an leigen,
wie das alles vert!
gros ist sin gewalt.
in weis, ob er zöber kvnne;
swar er vert in siner wunne,
dan ist nieman alt.

Vns wil schiere wol gelingen,
wir svln sin gemeit,
tanzen, lachen vnde singen –
ane dörperheit!
we, wer were vnfro,
sit dú vogellin also schone
singent in ir besten done.
tvn wir öch also!

Wol dir, meige, wie dv scheidest
alles âne has!
wie wol dv die bovme kleidest
vnd die heide bas!
dv́ hat varwe me.
»dv bist kvrzer, ich bin langer«,
alse strient si vf dem anger,
blv̊men vnde kle.

Roter mvnt, wie dv dich swachest!
la din lachen sin!
scham dich, dast dv mich an lachest
nach dem schaden min!
ist das wol getan?
owe so verlorner stvnde,
sol von minneklichem mvnde
solhe vnminne ergan!

Das mich, frowe, an frȯiden irret,
das ist v́wer lip.
an iv eyner es mir wirret,
vngenedic wib.
wa nemt ir den mv̊t?
ir sit doch genaden riche;
tv̊t ir mir vngenedekliche,
so sint ir niht gv̊t.

Scheident, frowe, mich von sorgen,
liebet mir die zit!
oder ich mv̊s an frȯiden borgen.
das ir selic sit!
mvget ir vmbesehen?
sich frȯit al dv́ welt gemeine.
mȯhte mir ein vil kleine
frȯidelin geschehen!

FRIEDRICH VON HAGEDORN

Der Mai

Der Nachtigall reizende Lieder
Ertönen und locken schon wieder
Die fröhlichsten Stunden ins Jahr.
Nun singet die steigende Lerche,
Nun klappern die reisenden Störche,
Nun schwatzet der gaukelnde Star.

Wie munter sind Schäfer und Herde!
Wie lieblich beblümt sich die Erde!
Wie lebhaft ist itzo die Welt!
Die Tauben verdoppeln die Küsse,
Der Entrich besuchet die Flüsse,
Der lustige Sperling sein Feld.

Wie gleichet doch Zephyr der Floren!
Sie haben sich weislich erkoren,
Sie wählen den Wechsel zur Pflicht.
Er flattert um Sprossen und Garben;
Sie liebet unzählige Farben;
Und Eifersucht trennet sie nicht.

Nun heben sich Binsen und Keime,
Nun kleiden die Blätter die Bäume,
Nun schwindet des Winters Gestalt;
Nun rauschen lebendige Quellen
Und tränken mit spielenden Wellen
Die Tristen, den Anger, den Wald.

Wie buhlerisch, wie so gelinde
Erwärmen die westlichen Winde
Das Ufer, den Hügel, die Gruft!
Die jugendlich scherzende Liebe
Empfindet die Reizung der Triebe,
Empfindet die schmeichelnde Luft.

Nun stellt sich die Dorfschaft in Reihen,
Nun rufen euch eure Schalmeien,
Ihr stampfenden Tänzer! hervor.
Ihr springet auf grünender Wiese,
Der Bauerknecht hebet die Liese,
In hurtiger Wendung, empor.

Nicht fröhlicher, weidlicher, kühner
Schwang vormals der braune Sabiner
Mit männlicher Freiheit den Hut.
O reizet die Städte zum Neide,
Ihr Dörfer voll hüpfender Freude!
Was gleichet dem Land-Volk an Mut?

MATTHIAS CLAUDIUS

Der Frühling. Am ersten Maimorgen
Der Gr. A. L. – g.

Heute will ich fröhlich fröhlich sein,
    Keine Weis und keine Sitte hören;
Will mich wälzen, und für Freude schrein,
    Und der König soll mir das nicht wehren;
Denn *er* kommt mit seiner Freuden Schar
    Heute aus der Morgenröte Hallen,

Einen Blumenkranz um Brust und Haar
    Und auf seiner Schulter Nachtigallen;
Und sein Antlitz ist ihm rot und weiß,
    Und er träuft von Tau und Duft und Segen –
Ha! mein Thyrsus sei ein Knospenreis,
    Und so tauml ich meinem Freund entgegen.

JOHANN WOLFGANG GOETHE

Mailied

Wie herrlich leuchtet
Mir die Natur!
Wie glänzt die Sonne!
Wie lacht die Flur!

Es dringen Blüten
Aus jedem Zweig
Und tausend Stimmen
Aus dem Gesträuch

Und Freud und Wonne
Aus jeder Brust.
O Erd, o Sonne!
O Glück, o Lust!

O Lieb, o Liebe!
So golden schön,
Wie Morgenwolken
Auf jenen Höhn!

Du segnest herrlich
Das frische Feld,
Im Blütendampfe
Die volle Welt.

O Mädchen, Mädchen,
Wie lieb ich dich!
Wie blickt dein Auge!
Wie liebst du mich!

So liebt die Lerche
Gesang und Luft,
Und Morgenblumen
Den Himmelsduft,

Wie ich dich liebe
Mit warmem Blut,
Die du mir Jugend
Und Freud und Mut

Zu neuen Liedern
Und Tänzen gibst.
Sei ewig glücklich,
Wie du mich liebst!

Mai

Leichte Silberwolken schweben
Durch die erst erwärmten Lüfte,
Mild, von Schimmer sanft umgeben,
Blickt die Sonne durch die Düfte.
Leise wallt und drängt die Welle
Sich am reichen Ufer hin;
Und wie reingewaschen helle,
Schwankend hin und her und hin,
Spiegelt sich das junge Grün.

Still ist Luft und Lüftchen stille;
Was bewegt mir das Gezweige?
Schwüle Liebe dieser Fülle,
Von den Bäumen durchs Gesträuche.
Nun der Blick auf einmal helle,
Sieh! der Bübchen Flatterschar,
Das bewegt und regt so schnelle,
Wie der Morgen sie gebar,
Flügelhaft sich Paar und Paar.

Fangen an, das Dach zu flechten –
Wer bedürfte dieser Hütte? –
Und wie Zimmrer, die gerechten,
Bank und Tischchen in der Mitte!
Und so bin ich noch verwundert,

Sonne sinkt, ich fühl es kaum;
Und nun führen aberhundert
Mir das Liebchen in den Raum,
Tag und Abend, welch ein Traum!

LUDWIG CHRISTOPH HEINRICH HÖLTY

Die Mainacht

Wann der silberne Mond durch die Gesträuche blinkt,
Und sein schlummerndes Licht über den Rasen streut,
   Und die Nachtigall flötet,
     Wandl ich traurig von Busch zu Busch,

Selig preis ich dich dann, flötende Nachtigall,
Weil dein Weibchen mit dir wohnet in Einem Nest,
   Ihrem singenden Gatten
     Tausend trauliche Küsse gibt.

Überhüllet von Laub, girret ein Taubenpaar
Sein Entzücken mir vor; aber ich wende mich,
   Suche dunklere Schatten,
     Und die einsame Träne rinnt.

Wann, o lächelndes Bild, welches wie Morgenrot
Durch die Seele mir strahlt, find ich auf Erden dich?
   Und die einsame Träne
     Bebt mir heißer die Wang herab.

Mailied

Der Apfelbaum prangt grün und weiß,
Auf zartbegraster Weide;
Der Wonneruf des schönen Mais
Weckt uns zu sanfter Freude.
Doch wird des Frühlings Wiederkehr
Uns alle hier vereinen?
Ach! wessen Stätte traurt dann leer?
Und wen muß man beweinen?

Süß atmen Blumen Wohlgeruch,
Die Kelch und Tafel schmücken;
Noch süßer, die am Busentuch
Des holden Mädchens nicken.
Ach! Blumen, die, auf welchem Land?
Aus weichem Kraute sprießen,
Wird einst getreuer Freundschaft Hand
Auf unsre Hügel gießen!

Die Rose bleicht, die Mädchen krönt,
Es bleicht der Mädchen Locke;
In froher Hirten Flöte tönt
Des Dorfes Totenklocke.
Die Jugend tanzt, im Abendlicht,
Froh um des Platzes Maie;
Doch ihren Reigen unterbricht
Der Grabgeleiter Reihe.

Der stille Vollmond schien so klar
Durch blühende Syringen,

Wo jüngst Verlobte, Paar und Paar,
In lauer Dämmrung gingen;
Seitdem erscholl vom Turm herab
Das traurige Geläute;
Der Mond bescheint das frische Grab
Der frühgestorbnen Bräute.

Gefährten, ach! die Stunde naht,
Wo wir auch müssen scheiden!
Bestreut indes den kurzen Pfad
Mit Blüten reiner Freuden.
Seid gut; der Unschuld strahlt das Ziel
Von Abendrot umgeben,
Und jedes edlere Gefühl
Folgt uns zum bessern Leben.

GEORG VON DER VRING

Weißer Flieder

Der Mai wirft die Spötter vom Zaun,
Nicht dürfen sie die Charitinnen schaun,
Die weißen im laubigen Flieder.

Nachts ruhn sie im Duft ihrer Glieder,
Wo Regenschauer das Auf und Nieder
Zart atmender Brüste betaun.

Silberäugig sie heben die Lider
Auf zu der Götter Vertraun.

Kleiner Bahnhof im Mai

Jetzt wird die Welt besiegt
Vom gelben Löwenzahn.
Sein Gold schwillt auf und liegt
Bis ans Gebirg hinan.

Man grübelt, wo er war,
Als Schnee auf Schienen stob.
Wie rasch und sonderbar
Verbreitet er sein Lob:

Hat gar am Schienenrost
Gesiedelt frisch und pur.
Wie rund im Gold er sproßt,
Spiegelt die Bahnhofsuhr.

Ihr größrer Zeiger geht
Dem kleineren oft vorbei.
Die Goldrosette steht,
Wie wenn die Zeit nicht sei.

SARAH KIRSCH

Dem Mai

Wildwachsende Jahreszeit mit englischen Liedern
Aus maulbeerfarbenen Kehlen und schwarzen

Hier gehe ich, Lieber, mit verwunschenem Herzen
Geleite dich aus der Gartentür eidechsschnell
Ich sehne dein Ende herbei weil der Freund mir
Abgetrennt ist und in fremder Welt.

DORIS RUNGE

mai

treibt grüne nägel
durch pflaster sohlen
der schlag von unten
blüht im kopf das herz
ein knopf zu weit
jeder kann es holen

Frühlingsblumen

Herzlich tut mich erfreuen,
Die fröhliche Sommer-Zeit,
All mein Geblüt erneuen,
Der Mai in Wollust freut,
Die Lerch tut sich erschwingen
Mit ihrem hellen Schall,
Lieblich die Vögel singen,
Dazu die Nachtigall.

Der Kuckuck mit seinem Schreien,
Macht fröhlich jedermann,
Des Abends fröhlich reihen,
Die Mädlein wohlgetan,
Spazieren zu den Brunnen,
Bekränzen sie zur Zeit,
Alle Welt sich freut in Wonnen,
Mit Reisen fern und weit.

Es grünet in dem Walde,
Die Blumen blühen frei,
Die Rößlein auf dem Felde,
Von Farben mancherlei,
Ein Blümlein steht im Garten,
Das heißt, Vergiß nit mein,
Das edle Kraut zu warten,
Macht guten Augenschein.

Ein Kraut wächst in der Aue,
Mit Namen Wohlgemut,

Liebt sehr die schönen Frauen,
Dazu die Holder-Blüt,
Die weiß und rote Rosen,
Hält man in großer Acht,
Tut's Geld darum verlosen,
Schöne Kränze daraus macht.

Das Kraut, Je länger je lieber,
An manchem Ende blüht,
Bringt oft ein heimlich Fieber,
Wer sich nicht dafür hüt,
Ich hab es wohl vernommen,
Was dieses Kraut vermag,
Doch kann man dem vorkommen,
Wem lieb ist jeder Tag.

Des Morgens in dem Taue,
Die Mädlein grasen gehn,
Gar lieblich sich anschauen,
Bey schönen Blümlein stehn,
Daraus sie Kränzlein machen
Und schenkens ihrem Schatz,
Tun freundlich ihn anlachen,
Und geben ihm ein Schmatz.

Darum lob ich den Sommer,
Dazu den Maien gut,
Der wendet allen Kummer,
Und bringt viel Freud und Mut,
Der Zeit will ich genießen,
Dieweil ich Pfenning hab,
Und den es tut verdrießen,
Der fall die Stiegen herab.

Sommer

PAUL GERHARDT

Sommer-Gesang

1.

GEh aus mein Hertz und suche Freud
In dieser lieben Sommerzeit
   An deines Gottes Gaben:
Schau an der schönen Garten-Zier /
Und siehe wie sie mir und dir
   Sich außgeschmücket haben.

2.

Die Bäume stehen voller Laub /
Das Erdreich decket seinen Staub /
   Mit einem grünen Kleide:
Narcissus und die Tulipan
Die ziehen sich viel schöner an
   Als Salomonis Seyde.

3.

Die Lerche schwingt sich in die Lufft /
Das Täublein fleucht aus seiner kluft
   Und macht sich in die Wälder:
Die hochbegabte Nachtigall
Ergötzt und füllt mit ihrem Schall
   Berg / Hügel / Thal und Felder.

4.

Die Glukke führt ihr Völcklein aus /
Der Storch baut und bewohnt sein Haus /
   Das Schwälblein speißt ihr Jungen:
Der schnelle Hirsch / das leichte Reh'
Ist froh und kommt aus seiner Höh
   Ins tiefe Graß gesprungen.

5.

Die Bächlein rauschen in dem Sand
Und mahlen sich und ihren Rand
   Mit schatten reichen Myrten:
Die Wiesen ligen hart dabey
Und klingen gantz von Lust-Geschrey
   Der Schaff und ihrer Hirten.

6.

Die unverdroßne Bienenschaar
Zeucht hin und her / sucht hier und dar
   Ihr edle Honigspeise:
Des süssen Weinstocks starcker safft
Kriegt täglich neue stärck und krafft
   In seinem schwachen Reise.

7.

Der Weitzen wächset mit Gewalt
Darüber jauchtzet Jung und Alt /
   Und rühmt die grosse Güte
Deß / der so überflüßig labt'
Und mit so manchem Gut begabt
   Das Menschliche Gemüthe.

8.

Ich selbsten kan und mag nicht ruhn:
Des grossen Gottes grosses Thun
   Erweckt mir alle Sinnen:
Ich singe mit / wenn alles singt /
Und lasse was dem höchsten klingt
   Aus meinem Hertzen rinnen.

9.

Ach denck ich / bist du hier so schön /
Und läßt dus uns so lieblich gehn
   Auf dieser armen Erden:
Was wil doch wol nach dieser Welt
Dort in dem reichen Himmelszelt
   Und güldnem Schlosse werden?

10.

Welch hohe Lust / welch heller Schein
Wird wol in Christi Garten seyn?
   Wie muß es da wol klingen /
Da so viel tausent Seraphim /
Mit eingestimmtem Mund und Stim
   Ihr Alleluja singen.

11.

O wär ich da! o stünd ich schon /
Ach süsser Gott / für deinem Thron
   Und trüge meine Palmen;
So wolt' ich nach der Engel Weis
Erhöhen deines Namens Preis
   Mit tausent schönen Psalmen.

12.

Doch wil ich gleichwol / weil ich noch
Hier trage dieses Leibes-Joch /
   Auch nicht gar stille schweigen:
Mein Hertze sol sich fort und fort /
An diesem und an allem Ort /
   Zu deinem Lobe neigen.

13.

Hilf nur / und segne meinen Geist
Mit Segen / der von Himmel fleußt /
   Daß ich dir stetig blühe:
Gib / daß der Sommer deiner Gnad'
In meiner Seelen früh und spat
   Viel Glaubensfrücht erziehe.

14.

Mach in mir deinem Geiste Raum /
Daß ich dir werd' ein guter Baum /
   Und laß mich wol bekleiben:
Verleihe / daß zu deinem Ruhm
Ich deines Gartens schöne Blum
   Und Pflantze möge bleiben.

15.

Erwehle mich zum Paradeis /
Und laß mich bis zur letzten Reis
   An Leib und Seele grünen:
So wil ich dir und deiner Ehr
Allein / und sonsten keinem mehr /
   Hier und dort Ewig dienen.

FRIEDRICH GOTTLIEB KLOPSTOCK

Die Sommernacht

Wenn der Schimmer von dem Monde nun herab
In die Wälder sich ergießt, und Gerüche
Mit den Düften von der Linde
In den Kühlungen wehn;

So umschatten mich Gedanken an das Grab
Der Geliebten, und ich seh in dem Walde
Nur es dämmern, und es weht mir
Von der Blüthe nicht her.

Ich genoß einst, o ihr Todten, es mit euch!
Wie umwehten uns der Duft und die Kühlung,
Wie verschönt warst von dem Monde,
Du o schöne Natur!

ANNETTE VON DROSTE-HÜLSHOFF

Im Grase

Süße Ruh, süßer Taumel im Gras,
Von des Krautes Arom' umhaucht,
Tiefe Flut, tief, tief trunkne Flut,
Wenn die Wolke am Azure verraucht,
Wenn aufs müde schwimmende Haupt
Süßes Lachen gaukelt herab,
Liebe Stimme säuselt und träuft
Wie die Lindenblüt' auf ein Grab.

Wenn im Busen die Toten dann,
Jede Leiche sich streckt und regt,
Leise, leise den Odem zieht,
Die geschloßne Wimper bewegt,
Tote Lieb, tote Lust, tote Zeit,
All die Schätze, im Schutt verwühlt,
Sich berühren mit schüchternem Klang
Gleich den Glöckchen, vom Winde umspielt.

Stunden, flüchtger ihr als der Kuß
Eines Strahls auf den trauernden See,
Als des ziehnden Vogels Lied,
Das mir niederperlt aus der Höh,
Als des schillernden Käfers Blitz
Wenn den Sonnenpfad er durcheilt,
Als der flüchtge Druck einer Hand,
Die zum letzten Male verweilt.

Dennoch, Himmel, immer mir nur
Dieses eine nur: für das Lied
Jedes freien Vogels im Blau
Eine Seele, die mit ihm zieht,
Nur für jeden kärglichen Strahl
Meinen farbig schillernden Saum,
Jeder warmen Hand meinen Druck
Und für jedes Glück einen Traum.

FRIEDRICH HEBBEL

Sommerbild

Ich sah des Sommers letzte Rose stehn,
  Sie war, als ob sie bluten könne, rot;
Da sprach ich schaudernd im Vorübergehn:
  So weit im Leben, ist zu nah am Tod!

Es regte sich kein Hauch am heißen Tag,
  Nur leise strich ein weißer Schmetterling;
Doch, ob auch kaum die Luft sein Flügelschlag
  Bewegte, sie empfand es und verging.

Morgane

An regentrüben Sommertagen,
Wenn Luft und Flut zusammenragen
Und ohne Regung schläft die See,
Dann steht an unserm grauen Strande
Das Wunder aus dem Morgenlande,
Morgane, die berufne Fee.

Arglistig halb und halb von Sinne,
Verschmachtend nach dem Kelch der Minne,
Der stets an ihrem Mund versiegt,
Umgaukelt sie des Wandrers Pfade,
Und lockt ihn an ein Scheingestade,
Das in des Todes Reichen liegt.

Von ihrem Zauberspiel geblendet
Ruht manches Haupt in Nacht gewendet
Begraben in der Wüste Schlucht;
Denn ihre Liebe ist Verderben,
Ihr Hauch ist Gift, ihr Kuß ist Sterben,
Die schönen Augen sind verflucht.

So steht sie jetzt im hohen Norden
An unsres Meeres dunklen Borden,
So schreibt sie fingernd in den Dunst;
Und quellend aus den luft'gen Spuren
Erstehn in dämmernden Konturen
Die Bilder ihrer argen Kunst.

Doch hebt sich nicht wie dort im Süden
Auf rosigen Karyatiden
Ein Wundermärchenschloß ins Blau;
Nur einer Hauberg graues Bildnis
Schwimmt einsam in der Nebelwildnis,
Und keinen lockt der Hexenbau.

Bald wechselt sie die dunkle Küste
Mit Libyens sonnengelber Wüste
Und mit der Tropenwälder Duft;
Dann bläst sie lachend durch die Hände,
Dann schwankt das Haus, und Fach und
                       Wände
Verrinnen quirlend in die Luft.

Sommermittag

Nun ist es still um Hof und Scheuer,
Und in der Mühle ruht der Stein;
Der Birnenbaum mit blanken Blättern
Steht regungslos im Sonnenschein.

Die Bienen summen so verschlafen;
Und in der offnen Bodenluk,
Benebelt von dem Duft des Heues,
Im grauen Röcklein nickt der Puk.

Der Müller schnarcht und das Gesinde,
Und nur die Tochter wacht im Haus;
Die lachet still, und zieht sich heimlich
Fürsichtig die Pantoffeln aus.

Sie geht und weckt den Müllerburschen,
Der kaum den schweren Augen traut:
»Nun küsse mich, verliebter Junge;
Doch sauber, sauber! nicht zu laut.«

CONRAD FERDINAND MEYER

Schwüle

Trüb verglomm der schwüle Sommertag,
Dumpf und traurig tönt mein Ruderschlag –
Sterne, Sterne – Abend ist es ja –
Sterne, warum seid ihr noch nicht da?

Bleich das Leben! Bleich der Felsenhang!
Schilf, was flüsterst du so frech und bang?
Fern der Himmel und die Tiefe nah –
Sterne, warum seid ihr noch nicht da?

Eine liebe, liebe Stimme ruft
Mich beständig aus der Wassergruft –
Weg, Gespenst, das oft ich winken sah!
Sterne, Sterne, seid ihr nicht mehr da?

Endlich, endlich durch das Dunkel bricht –
Es war Zeit! – ein schwaches Flimmerlicht –
Denn ich wußte nicht wie mir geschah.
Sterne, Sterne, bleibt mir immer nah!

DETLEV VON LILIENCRON

Dorfkirche im Sommer

Schläfrig singt der Küster vor,
Schläfrig singt auch die Gemeinde.
Auf der Kanzel der Pastor
Betet still für seine Feinde.

Dann die Predigt, wunderbar,
Eine Predigt ohnegleichen.
Die Baronin weint sogar
Im Gestühl, dem wappenreichen.

Amen, Segen, Türen weit,
Orgelton und letzter Psalter.
Durch die Sommerherrlichkeit
Schwirren Schwalben, flattern Falter.

Einen Sommer lang

Zwischen Roggenfeld und Hecken
Führt ein schmaler Gang,
Süßes, seliges Verstecken
Einen Sommer lang.

Wenn wir uns von ferne sehen
Zögert sie den Schritt,
Rupft ein Hälmchen sich im Gehen,
Nimmt ein Blättchen mit.

Hat mit Ähren sich das Mieder
Unschuldig geschmückt,
Sich den Hut verlegen nieder
In die Stirn gerückt.

Finster kommt sie langsam näher,
Färbt sich rot wie Mohn,
Doch ich bin ein feiner Späher,
Kenn die Schelmin schon.

Noch ein Blick in Weg und Weite,
Ruhig liegt die Welt,
Und es hat an ihre Seite
Mich der Sturm gesellt.

Zwischen Roggenfeld und Hecken
Führt ein schmaler Gang,
Süßes, seliges Verstecken
Einen Sommer lang.

ERNST STADLER

Sommer

Mein Herz steht bis zum Hals in gelbem Erntelicht wie
    unter Sommerhimmeln schnittbereites Land.
Bald läutet durch die Ebenen Sichelsang: mein Blut
    lauscht tief mit Glück gesättigt in den Mittagsbrand.
Kornkammern meines Lebens, lang verödet, alle eure
    Tore sollen nun wie Schleusenflügel offen stehn,
Über euern Grund wird wie Meer die goldne Flut der
    Garben gehn.

JOACHIM RINGELNATZ

Sommerfrische

Zupf dir ein Wölkchen aus dem Wolkenweiß,
Das durch den sonnigen Himmel schreitet.
Und schmücke den Hut, der dich begleitet,
Mit einem grünen Reis.

Verstecke dich faul in die Fülle der Gräser.
Weil's wohltut, weil's frommt.
Und bist du ein Mundharmonikabläser
Und hast eine bei dir, dann spiel, was dir kommt.

Und laß deine Melodien lenken
Von dem freigegebenen Wolkengezupf.
Vergiß dich. Es soll dein Denken
Nicht weiter reichen als ein Grashüpferhupf.

OSKAR LOERKE

Gartengewitter

Nach dem Monde greift ein Spuk,
Und er flieht gekrümmt.
Schwüler, träger Quell entspringt
Rings im Laub und fließt.

Durch die Kiefernwipfel huscht
Feuermähn ins Gras.
Aus dem grünen Schrecken glühn
Säulen wilden Weins.

Und sie schnellen wie zum Dienst
In den Regendom,
Das Gewölbe kracht und birst,
Doch sie tragen wohl.

Dann webt volle Finsternis.
Nur, wo Straßen sind.
Flickt das Dunkel dort und hier
Eine goldne Naht.

Hochsommerbann

Aus der Glockenstube überm Dom
Quillt ein kupferroter Lavastrom.
Rings im schüttern Kegel, warm und glatt,
Eben atmet noch die große Stadt.

Das gestreifte Sonnendach erstarrt,
Selbst das krause Federrad des Kindes,
Das sonst emsig im Kobolz des Windes
Kühnste Träume auf der Stelle karrt.

Sommer

Am Abend schweigt die Klage
Des Kuckucks im Wald.
Tiefer neigt sich das Korn,
Der rote Mohn.

Schwarzes Gewitter droht
Über dem Hügel.
Das alte Lied der Grille
Erstirbt im Feld.

Nimmer regt sich das Laub
Der Kastanie.
Auf der Wendeltreppe
Rauscht dein Kleid.

Stille leuchtet die Kerze
Im dunklen Zimmer;
Eine silberne Hand
Löschte sie aus;

Windstille, sternlose Nacht.

ERICH JANSSEN

Sommer

Die Jalousien sind
herabgelassen.
Im Scharlachtier
die Himbeerwunde
blüht.

Ab und zu weht
ein Strohblumenduft
aus der Wand
der Erinnerung.
Aber das macht nichts.

KARL KROLOW

Sommerblau

Aus Brunnen
blutendes Blau:
Wasser im Juni oder
August.

Licht: eine
hemdlose Brust wartet
auf seinen Stilett-Stich.

Konische Landschaft
mit Pappeln und Staren,
dem Rotwelsch der Luft –
im Fensterrahmen
aufgehängt als Kegelschnitt
des Apollonios.

Mit verbundenen Augen
das mechanische Spielzeug
der Minuten in Gang setzen.

JOHANNES BOBROWSKI

Sommergeschrei

Kiebitz,
meinem Tag
fahr um die Kräuselstirn auf,
über das kurze
Horn, mit Schlingerflügen
über die Weide hinab
flieg, in den Brüchen
verflieg.

Breit, daß ich ertrink,
Leib, atmend, ich steh
mit erhobenen Armen, ich hab
gewartet, ich greif ein Gewölk, ich hab
gerufen, das hör ich, weit –

wo ich stand mit erhobenen
Armen, ihr rührte
auf ein Gewölk.

Ein Knirschen von eisernen Schuhn ist im Kirschbaum.
Aus Helmen schäumt dir der Sommer. Der schwärzliche
                         Kuckuck
malt mit demantenem Sporn sein Bild an die Tore des
                         Himmels.

Barhaupt ragt aus dem Blattwerk der Reiter.
Im Schild trägt er dämmernd dein Lächeln,
genagelt ans stählerne Schweißtuch des Feindes.
Es ward ihm verheißen der Garten der Träumer,
und Speere hält er bereit, daß die Rose sich ranke …

Unbeschuht aber kommt durch die Luft, der am meisten
                         dir gleichet:
eiserne Schuhe geschnallt an die schmächtigen Hände,
verschläft er die Schlacht und den Sommer. Die Kirsche
                         blutet für ihn.

H. C. ARTMANN

sommer

vor dem weitgeöffneten fenster spazieren die bunten
                                    hähne
barfuß im grünen regen.
vom alten turm plätschert der mittag.
die bastei mit krone und schüssel geziert blickt zaghaft
nach dem haupttor der steinern löwen.
sie schlafen tausend jahre.
in den flüsterigen linden ist nichts erhabenes
doch sind sie lieb wie die zartheit einer einfachen frau.
auf den laubfarbenen hauben der teiche singen die
                                    frösche.
drüben im schattendunklen weidenwald
trinken sich die mädchen
tief in den brunnen der heurigen rosen.

HEINZ PIONTEK

Sonntag im Frühsommer

Was dir der Mai überläßt –
o Monat pfingstlicher Zärtlichkeit –:
die grünen Tinten des Laubs,
die ein diesiger Mittag verwäscht,
Krähen in Nestern aus Staub,
dort, wo niemals Sonne zerfällt –

Was dir der Mai überläßt:
die metallene Litanei des Radios
aus einem offenen Kabriolett,
das unter Pappeln hält,
die Scharten im bitteren Buchs,
(rote Reflexe des Gartengestühls
siehst du sprühen) –

Ziehe die Dinge in dein Vertrauen,
denn das Leichte wirst du noch
leichter finden als steigende Luft,
jetzt, da es sich elastisch verändert
und hinter das Licht dringt.

Bleib auf die Fersen gehockt!
Wickle den Faden Gras fest um den Daumen.
Spule ihn ab.
Du hast eine Ewigkeit Zeit.

WALTER HELMUT FRITZ

Ein Sommer, von weitem gesehen

Ein Sommer, aus der Nähe gesehen,
auch nachts weicht das Blut
nur langsam aus den Gesichtern.

Sartres Sätze über Merleau-Ponty:
daß er einer Handvoll
Erinnerungen treu blieb
und seinem zerfetzten Dasein

daß durch einen Blitz
alles erleuchtet werde,
das Ganze entstehe,
sich zerfasere und entschwinde.

Ein Sommer, von weitem gesehen,
Schritte darin und Schritte
in eine schwierige Zukunft.

HANS-JÜRGEN HEISE

Dieser Sommer

1

Ein Schubkarren
Uhrzeiger die Speichen
　　　　　　Früchte
　　　in so trostloser
Fülle

Dieser Sommer
bleibt unter den Sicheln

Der Weg
Sperma im Sand

endet in Vogelaugen

Wir umwandern das Grab
diese verlorenste Jugend

Langsam
in einem Schlaf aus stehendem Wasser

essen wir Früchte
deren Farben
neue Namen erfinden

REINER KUNZE

Hoher sommer

Eine trockenheit,
daß nachts in der ohrmuschel plötzlich
der regen rauscht

Barfuß läufst du vor das haus:

Das federgras weiß von nichts,
und der himmel ist
dicht von sternen

Verregneter sommer

Morgen für morgen blickst du ins land ob die kuppeln
                                            der kirchtürme
nicht abfalln wie im garten die rosen die sich
nie öffneten

Die prozession entlang den überschwemmten
                                            wiesen trägt
einen baldachin aus schirmen

Schwieriger wird's von tag zu tag, gott
durch den regen zu bringen

DORIS RUNGE

ertrunkener sommer

mit raddampfern
befahren bauern
versunkenes reich
käfer krabbelgetier
fand nicht zurück
zu flosse und laich
ich melde kopfunter
seerosen durchwachsen
meinen leib schwarzes
schlingarmiges gewächs
kalte schmatzende münder
froschkönige werben
ums vergessene geschlecht

sommerfrische

du richtest dich ein
in mir
landhaus mit dorischen schenkeln
mit schönen antiken
gefühlen
rosa samtvorhängen
schwer genug gegen
zweifel
ein lächeln morgenrouge
auf die wettergeprüfte
fassade
das hält bis zum nächsten regen

ich tauche meine hände
in schwarze farbe
und schreibe
die ballade von einem
der einzog das fürchten zu lernen

WULF KIRSTEN

sommer

vom grat der hügelkette
fährt auf die sonnenscheibe,
brät sich auf einem schieferdach landinnen
eingefleischte provinzen,
spellt balkenköpfe, schlürft gierig brackes wasser,
brennt aus zu mürbem zunder
abgemähtes wiesenstück.
geborstne erde kocht.
im gluthauch flimmt die luft.
die wochentage hantieren mit backschaufeln.

wenn jäh ein wind aufspränge,
eine windhose, ein schwarzer sturm
rittlings polternd vom hohlen kugelrand rollte!
staubfontänen ließ er hastig kreisen,
zerpflückte heuschober,
ließ gewitterräder
krachend über die hügel hinwegrolln
und regen hinter sich her ziehn,
regensträhnen, wasserzöpfe,
blanken regen!

DIETER HOFFMANN

Sächsischer Spätsommer

I

Spätsommer geht.
Abschied
mit Kratzfuß.
Rittersporn
des letzten blauen Ritters.

Der Teich gefriert.
Ein eisiges Parkett.

Die Spiegelkarpfen stumm
im Nebelgrau.

II

Die Georginen
goldne Epauletten.

Die Litze Unkraut
flitzt
an dunkelblauer Uniform
der Nacht.

Das Löwenmaul
ist süßer Beute satt.

III

Nacht, eine Gärtnerin,
hebt ihre Sichel
aus dem Gartenkorb,
den Mond.
Und schneidet Wiese
für die Himmelskuh.

Sommerkrone

Der Hahn ist rot gekrönt,
die Kaiserlilie grün.
Tag kämmt die Sonne.
Lilie flammend blüht.
Dem Sommer
fällt kein Zacken aus der Krone.

Mittsommer

Ins Apfelgrün
ist Weiß hineingemischt.

Die Wespe steigt und fällt
im Sturzflug
überm Tisch.

Auf dem der Honig steht
in einem kühlen Glas.

Am Rand der Welt
pflückt eine Hand
das Brombeerschwarz.

BERND JENTZSCH

Sommer

Hier in den Mulden, in den schäumenden Wiesen,
Im Regen, der uns segnet und sonderbar singt,
Auf dem offenen Feld, im Hafer, der uns jetzt sticht,
Im Tollkraut, im Trollkraut, dunkel und licht,
Liebste, hier wolln wir machen, was den Tod
Zu Tode erschrickt, hier, im singenden Regen,
Damit es aufgehe in deinem Leib wie ein Brot,
Auf dem roten Acker, mein ein und mein alles,
Im Regen, Liebste, und nicht unterm Dach,
Hier, wo wir singen, in den schäumenden Wiesen.

CHRISTIAN WAGNER

Juniabend

Wann der Abend nach den Talen schreitet
Bachentlang ein Rosenglanz sich breitet:

Wassernelken schön wie Oleander;
Nord und Süd wie gleicht ihr doch einander!

Hier hat er in Nelken, rosigroten
Aufgeschminkt den Wasserschein, den toten. –

DETLEV VON LILIENCRON

Schöne Junitage

Mitternacht, die Gärten lauschen,
Flüsterwort und Liebeskuß,
Bis der letzte Klang verklungen,
Weil nun alles schlafen muß –
   Flußüberwärts singt eine Nachtigall.

Sonnengrüner Rosengarten,
Sonnenweiße Stromesflut,
Sonnenstiller Morgenfriede,
Der auf Baum und Beeten ruht –
   Flußüberwärts singt eine Nachtigall.

Straßentreiben, fern, verworren,
Reicher Mann und Bettelkind,
Myrtenkränze, Leichenzüge,
Tausendfältig Leben rinnt –
   Flußüberwärts singt eine Nachtigall.

Langsam graut der Abend nieder,
Milde wird die harte Welt,
Und das Herz macht seinen Frieden,
Und zum Kinde wird der Held –
 Flußüberwärts singt eine Nachtigall.

ALBRECHT GOES

Im Juni

Es ist Juni und ist gut.
Mütter singen Kinderreime,
Und der Sommer singt im Blut.

Kinder knicksen tief und froh,
Rutschen in der goldnen Kutschen
Eins, zwei, drei nach Nirgendwo.

Drüben an dem runden Saum
Blüht ein kleiner Apfelbaum.

juni

ein heiterer horizont ein kranz blauer zyanen um unsere
insel
seine augen träumen manchmal im wandernden blut der
ebereschen.
sein wasser ist fast der leuchtende übermut mattgoldner
birnen.

er ist die unausgesprochene liebe der fernen abendgebirge
ein wunderliches lied der leise gurrenden waldtauben

alles schöne der welt verwandelt sich in büsche und
zweige
es säumt meinen weg ein rahmen unwirklich
schillernder stimmen

ich werde mir ein kleid aus dem rauch der jungen saaten
schneiden
der lichte schrei der ackerlerchen sei mir dazu nadel und
faden

ich trage mein reisekleid hoch über den ton gebrannter
straßen

THEODOR STORM

Juli

Klingt im Wind ein Wiegenlied,
Sonne warm herniedersieht,
Seine Ähren senkt das Korn,
Rote Beere schwillt am Dorn,
Schwer von Segen ist die Flur –
Junge Frau, was sinnst du nur?

KARL KROLOW

Der Juli

Der Juli
fällt ins Haus
mit frischen Himbeeren
wie manche Brustwarzen,
aufgerichtet unterm Hemd.

Er trägt Staub und Durst
in die Ecken.
Gib mir – sage ich –
was du hast, zum Beispiel
Gemüse für den Magen,
ein leichtes Bett ohne Decke
für ruhelose Körper.

Der Juli
geizt mit Schatten.
Ich wünsche mir kräftige Augen
für eine Vogelschau: darunter
alles, was es zu sehen gibt,
Liebe, Handanlegen
und bis in den Mund gebräunte
Hitze.

GOTTFRIED BENN

Einsamer nie –

Einsamer nie als im August:
Erfüllungsstunde – im Gelände
die roten und die goldenen Brände,
doch wo ist deiner Gärten Lust?

Die Seen hell, die Himmel weich,
die Äcker rein und glänzen leise,
doch wo sind Sieg und Siegsbeweise
aus dem von dir vertretenen Reich?

Wo alles sich durch Glück beweist
und tauscht den Blick und tauscht die Ringe
im Weingeruch, im Rausch der Dinge –:
dienst du dem Gegenglück, dem Geist.

DIETER HOFFMANN

Monat August

Holzkohle schwärzt
den heißen Sommermonat,
die Meiler brüten.

Schwarze Trauerfedern
der Hähne schleifen übern Hof.

Zitronenäpfel
sind weißgolden, hell.

Die Wäscheleine
zieht sich durch den Garten,
wo Wicken blühn.

August.

ULRICH SCHACHT

Dänischer August

Gegen Mittag
blendet der Sand fliegen
die Schwalben höher stürzt
leise und pausenlos

Licht
ins Meer schlägt
auf zerbricht: Scherben
Spur bis an den
Rand. Wind hämmert
Glanz. Gegen Mittag

seh ich
die brüchigen
Säulen der Feldfeuer
stehn weiß daß
hinter den Dünen Hagebutten
platzen zur Erde falln
Gesträuch und Bäume blätterweis
Farbe wechseln die Gräser
zu splittern
beginnen

Gegen Mittag blendet
der Sand mich

nicht.

Ende August

Mit weißen Bäuchen hängen die toten Fische
zwischen Entengrütze und Schilf.
Die Krähen haben Flügel, dem Tod zu entrinnen.
Manchmal weiß ich, daß Gott
am meisten sich sorgt um das Dasein der Schnecke.
Er baut ihr ein Haus. Uns aber liebt er nicht.

Eine weiße Staubfahne zieht am Abend der Omnibus,
wenn er die Fußballmannschaft heimfährt.
Der Mond glänzt im Weidengestrüpp,
vereint mit dem Abendstern.
Wie nahe bist du, Unsterblichkeit, im Fledermausflügel,
im Scheinwerfer-Augenpaar,
das den Hügel herab sich naht.

DIETER HOFFMANN

Ende August

Die Äpfel flammen,
apfelflammenrot,
wie angemalt.

Jetzt kommt Gewitter auf,
am hellerlichten Tag.

Der Blitz zickzackt.
Der Donner trommelt dumpf.
Artillerie im Vormarsch
oder Kampf der Götter.

KARL ALFRED WOLKEN

Ende August, Anfang September

Die vorgeahnten Laute des Vergehens
verstören unsern Sommersinn nicht sehr –
wir leben lange schon in diesen schlichten
Einverständnissen von Auf- und Untergang
wie Blatt und Frucht
vor Sommerende, Herbstbeginn und Schnee,
des Winters Einfall, reiner Hermelin
auf Wieselsohlen, nackt und sanft,
wenn alle Lüfte tollkühn sind
von Kälte, die den reinen Atem weißt –
von innerm Leben blüht die Wolke dann
vor Mund und Mund und bläht sich sommerlich,
indes die ersten Beeren bleichen.

Es lacht in dem steigenden jahr dir
Der duft aus dem garten noch leis.
Flicht in dem flatternden haar dir
Eppich und ehrenpreis.

Die wehende saat ist wie gold noch ·
Vielleicht nicht so hoch mehr und reich ·
Rosen begrüssen dich hold noch ·
Ward auch ihr glanz etwas bleich.

Verschweigen wir was uns verwehrt ist ·
Geloben wir glücklich zu sein ·
Wenn auch nicht mehr uns beschert ist
Als noch ein rundgang zu zwein.

GEORG TRAKL

Sommersneige

Der grüne Sommer ist so leise
Geworden, dein kristallenes Antlitz.
Am Abendweiher starben die Blumen,
Ein erschrockener Amselruf.

Vergebliche Hoffnung des Lebens. Schon rüstet
Zur Reise sich die Schwalbe im Haus
Und die Sonne versinkt am Hügel;
Schon winkt zur Sternenreise die Nacht.

Stille der Dörfer; es tönen rings
Die verlassenen Wälder. Herz,
Neige dich nun liebender
Über die ruhige Schläferin.

Der grüne Sommer ist so leise
Geworden und es läutet der Schritt
Des Fremdlings durch die silberne Nacht.
Gedächte ein blaues Wild seines Pfads,

Des Wohllauts seiner geistlichen Jahre!

HEINZ PIONTEK

Indian Summer

Die Unterkunft in Kürbishütten,
des Himmels Schild aus blauem Erz:
Die Sommer branden an dein Herz,
eh sie beschlagnes Obst verschütten!

Der West dreht frisch. Wie auf Savannen,
lichtüberronnen, harft das Gras.
Die Hand, die nasse Beeren las,
langt nach den Rum- und Mate-Kannen.

Ein Ruch von Pulver ist vorhanden,
von Rost, der leichte Waffen narbt.
Du hast gefochten und gedarbt –
wofür? Genug. Es ist bestanden.

Wenn auch die Schatten sich erneuern:
Dich stärkt, dich rüstet der Trabant!
Schon zeigt er kühn sich überm Land
und mit dem Schein von alten Feuern.

PETER HUCHEL

Sibylle des Sommers

September schleudert die Wabe des Lichts
Weit über die felsigen Gärten aus.
Noch will die Sibylle des Sommers nicht sterben.
Den Fuß im Nebel und starren Gesichts
Bewacht sie das Feuer im laubigen Haus,
Wo Mandelschalen als Urnenscherben
Zersplittert im harten Weggras liegen.
Das Schilfblatt neigt sich, das Wasser zu kerben.
Die Spinnen reisen, die Fäden fliegen.
Noch will die Sibylle des Sommers nicht sterben.
Sie knotet ihr Haar in den Bäumen fest.
Die Feige leuchtet in klaffender Fäule.
Und weiß und rund wie das Ei der Eule
Glänzt abends der Mond im dünnen Geäst.

Ende eines Sommers

Wer möchte leben ohne den Trost der Bäume!

Wie gut, daß sie am Sterben teilhaben!
Die Pfirsiche sind geerntet, die Pflaumen färben sich,
während unter dem Brückenbogen die Zeit rauscht.

Dem Vogelzug vertraue ich meine Verzweiflung an.
Er mißt seinen Teil von Ewigkeit gelassen ab.
Seine Strecken
werden sichtbar im Blattwerk als dunkler Zwang,
die Bewegung der Flügel färbt die Früchte.

Es heißt Geduld haben.
Bald wird die Vogelschrift entsiegelt,
unter der Zunge ist der Pfennig zu schmecken.

Herbst

Gedanken bei dem Fall der Blätter im Herbst

In einem angenehmen Herbst, bei ganz entwölktem
                heiterm Wetter,
Indem ich im verdünnten Schatten, bald Blätter-loser
                Bäume, geh,
Und des so schön gefärbten Laubes annoch vorhandnen
                Rest beseh;
Befällt mich schnell ein sanfter Regen, von selbst
                herabgesunkner Blätter.
Ein reges Schweben füllt die Luft. Es zirkelt, schwärmt'
                und drehte sich,
Ihr bunt, sanft abwärts sinkend Heer; doch selten im
                geraden Strich.
Es schien die Luft, sich zu bemühn, den Schmuck, der
                sie bisher gezieret,
So lang es möglich, zu behalten, und hindert' ihren
                schnellen Fall.
Hiedurch ward ihre leichte Last, im weiten Luft-Kreis
                überall,
In kleinen Zirkelchen bewegt, in sanften Wirbeln
                umgeführet,
Bevor ein jedes seinen Zweck, und seiner Mutter Schoß,
                berühret;
Um sie, bevor sie aufgelöst, und sich dem Sichtlichen
                entrücken,
Mit Decken, die weit schöner noch, als persianische, zu
                schmücken.

Ich hatte diesem sanften Sinken, der Blätter lieblichem
Gewühl,
Und dem dadurch, in heitrer Luft, erregten angenehmen
Spiel,
Der bunten Tropfen schwebendem, im lindem Fall
formiertem, Drehn,
Mit offnem Aug, und ernstem Denken, nun eine Zeitlang
zugesehn;
Als ihr von dem geliebten Baum freiwillgs Scheiden (da
durch Wind,
Durch Regen, durch den scharfen Nord, sie nicht
herabgestreifet sind;
Nein, willig ihren Sitz verlassen, in ihren ungezwungnen
Fällen)
Nach ernstem Denken, mich bewog, sie mir zum Bilde
vorzustellen,
Von einem wohlgeführten Alter, und sanftem Sterben:
Die hingegen,
Die, durch der Stürme strengen Hauch, durch scharfen
Frost, durch schweren Regen,
Von ihren Zweigen abgestreift und abgerissen, kommen
mir,
Wie Menschen, die durch Krieg und Brand und Stahl
gewaltsam fallen, für.

Wie glücklich, dacht' ich, sind die Menschen, die den
freiwill'gen Blättern gleichen,
Und, wenn sie ihres Lebens Ziel, in sanfter Ruh und
Fried erreichen;
Der Ordnung der Natur zufolge, gelassen scheiden, und
erbleichen!

JOHANN WOLFGANG GOETHE

Herbstgefühl

Fetter grüne, du Laub,
Am Rebengeländer
Hier mein Fenster herauf!
Gedrängter quellet,
Zwillingsbeeren, und reifet
Schneller und glänzend voller!
Euch brütet der Mutter Sonne
Scheideblick, euch umsäuselt
Des holden Himmels
Fruchtende Fülle;
Euch kühlet des Mondes
Freundlicher Zauberhauch,
Und euch betauen, ach!
Aus diesen Augen
Der ewig belebenden Liebe
Vollschwellende Tränen.

Herbstlied

Bunt sind schon die Wälder,
Gelb die Stoppelfelder;
Und der Herbst beginnt!
Rote Blätter fallen;
Graue Nebel wallen;
Kühler weht der Wind!

Wie die volle Traube,
Aus dem Rebenlaube,
Purpurfarbig strahlt!
Am Geländer reifen
Pfirsiche, mit Streifen,
Rot und weiß, bemalt!

Dort, im grünen Baume
Hängt die blaue Pflaume,
Am gebognen Ast.
Gelbe Birnen winken,
Daß die Zweige sinken
Unter ihrer Last.

Welch ein Apfelregen
Rauscht vom Baum! Es legen
In ihr Körbchen sie
Mädchen, leicht geschürzet,
Und ihr Röckchen kürzet
Sich bis an das Knie.

Winzer, füllt die Fässer!
Eimer, krumme Messer,
Butten sind bereit!
Lohn für Müh und Plage
Sind die frohen Tage
In der Lesezeit!

Unsre Mädchen singen,
Und die Träger springen;
Alles ist so froh:
Bunte Bänder schweben,
Zwischen hohen Reben,
Auf dem Hut von Stroh.

Geige tönt und Flöte,
Bei der Abendröte,
Und bei Mondenglanz:
Schöne Winzerinnen
Winken und beginnen
Deutschen Ringeltanz!

FRIEDRICH HÖLDERLIN

Hälfte des Lebens

Mit gelben Birnen hänget
Und voll mit wilden Rosen
Das Land in den See,
Ihr holden Schwäne,
Und trunken von Küssen
Tunkt ihr das Haupt
Ins heilignüchterne Wasser.

Weh mir, wo nehm ich, wenn
Es Winter ist, die Blumen, und wo
Den Sonnenschein,
Und Schatten der Erde?
Die Mauern stehn
Sprachlos und kalt, im Winde
Klirren die Fahnen.

FRIEDRICH RÜCKERT

Herbsthauch

Herz, nun so alt und noch immer nicht klug,
Hoffst du von Tagen zu Tagen,
Was dir der blühende Frühling nicht trug,
Werde der Herbst dir noch tragen!

Läßt doch der spielende Wind nicht vom Strauch,
Immer zu schmeicheln, zu kosen.
Rosen entfaltet am Morgen sein Hauch,
Abends verstreut er die Rosen.

Läßt doch der spielende Wind nicht vom Strauch,
Bis er ihn völlig gelichtet.
Alles, o Herz, ist ein Wind und ein Hauch,
Was wir geliebt und gedichtet.

JOSEPH VON EICHENDORFF

Im Herbst

Der Wald wird falb, die Blätter fallen,
Wie öd und still der Raum!
Die Bächlein nur gehn durch die Buchenhallen
Lindrauschend wie im Traum,
Und Abendglocken schallen
Fern von des Waldes Saum.

Was wollt ihr mich so wild verlocken
In dieser Einsamkeit?
Wie in der Heimat klingen diese Glocken
Aus stiller Kinderzeit –
Ich wende mich erschrocken,
Ach, was mich liebt, ist weit!

So brecht hervor nur, alte Lieder.
Und brecht das Herz mir ab!
Noch einmal grüß ich aus der Ferne wieder
Was ich nur Liebes hab,
Mich aber zieht es nieder
Vor Wehmut wie ins Grab.

Herbstweh

1

So still in den Feldern allen,
Der Garten ist lange verblüht,
Man hört nur flüsternd die Blätter fallen,
Die Erde schläfert – ich bin so müd.

2

Es schüttelt die welken Blätter der Wald,
Mich friert, ich bin schon alt,
Bald kommt der Winter und fällt der Schnee,
Bedeckt den Garten und mich und alles,
                    alles Weh.

Herbstgefühl

Mürrisch braust der Eichenwald,
Aller Himmel ist umzogen,
Und dem Wandrer rauh und kalt
Kommt der Herbstwind nachgeflogen.

Wie der Wind zu Herbsteszeit
Mordend hinsaust in den Wäldern,
Weht mir die Vergangenheit
Von des Glückes Stoppelfeldern.

An den Bäumen, welk und matt,
Schwebt des Laubes letzte Neige,
Niedertaumelt Blatt auf Blatt
Und verhüllt die Waldessteige;

Immer dichter fällt es, will
Mir den Reisepfad verderben,
Daß ich lieber halte still,
Gleich am Orte hier zu sterben.

Herbstgefühl

Der Buchenwald ist herbstlich schon gerötet,
So wie ein Kranker, der sich neigt zum Sterben,
Wenn flüchtig noch sich seine Wangen färben;
Doch Rosen sind's, wobei kein Lied mehr flötet.

Das Bächlein zieht und rieselt, kaum zu hören,
Das Tal hinab, und seine Wellen gleiten,
Wie durch das Sterbgemach die Freunde schreiten,
Den letzten Traum des Lebens nicht zu stören.

Ein trüber Wandrer findet hier Genossen;
Es ist Natur, der auch die Freuden schwanden,
Mit seiner ganzen Schwermut einverstanden;
Er ist in ihre Klagen eingeschlossen.

Das dürre Blatt

Durchs Fenster kommt ein dürres Blatt,
Vom Wind hereingetrieben;
Dies leichte, offne Brieflein hat
Der Tod an mich geschrieben.

Das dürre Blatt bewahr ich mir,
Will's in die Blätter breiten,
Die ich empfangen einst von *ihr*;
Es waren schöne Zeiten!

Da draußen steht der Baum so leer;
Wie er sein Blatt im Fluge,
Kennt sie vielleicht ihr Blatt nicht mehr,
Trotz ihrem Namenszuge.

Der toten Liebe Worte flehn,
Daß ich auch sie vernichte;
Wie festgehaltne Lügner stehn
Sie mir im Angesichte.

Doch will ich nicht dem holden Wahn
Den Wurf ins Feuer gönnen;
Die Worte sehn mich traurig an,
Daß sie nicht sterben können.

Ich halte fest, zu bittrer Lust,
Was all mein Glück gewesen,
In meinem schmerzlichen Verlust
Will ich zurück mich lesen.

Das dürre Blatt leg ich dazu,
Des Todes milde Kunde,
Daß jedes Leiden findet Ruh
Und Heilung jede Wunde.

Waldlied

Rings ein Verstummen, ein Entfärben;
Wie sanft den Wald die Lüfte streicheln,
Sein welkes Laub ihm abzuschmeicheln!
Ich liebe dieses milde Sterben.

Von hinnen geht die stille Reise,
Die Zeit der Liebe ist verklungen,
Die Vögel haben ausgesungen,
Und dürre Blätter sinken leise.

Die Vögel zogen nach dem Süden,
Aus dem Verfall des Laubes tauchen
Die Nester, die nicht Schutz mehr brauchen,
Die Blätter fallen stets, die müden.

In dieses Waldes leisem Rauschen
Ist mir, als hör ich Kunde wehen,
Daß alles Sterben und Vergehen
Nur heimlichstill vergnügtes Tauschen.

FRIEDRICH HEBBEL

Herbstbild

Dies ist ein Herbsttag, wie ich keinen sah!
Die Luft ist still, als atmete man kaum,
Und dennoch fallen raschelnd, fern und nah,
Die schönsten Früchte ab von jedem Baum.

O stört sie nicht, die Feier der Natur!
Dies ist die Lese, die sie selber hält,
Denn heute löst sich von den Zweigen nur,
Was vor dem milden Strahl der Sonne fällt.

Herbst

1

Die Sense rauscht, die Ähre fällt,
Die Tiere räumen scheu das Feld,
Der Mensch begehrt die ganze Welt.

2

Schon ins Land der Pyramiden
Flohn die Störche übers Meer;
Schwalbenflug ist längst geschieden,
Auch die Lerche singt nicht mehr.

Seufzend in geheimer Klage
Streift der Wind das letzte Grün;
Und die süßen Sommertage
Ach, sie sind dahin, dahin!

Nebel hat den Wald verschlungen,
Der dein stillstes Glück gesehn;
Ganz in Duft und Dämmerungen
Will die schöne Welt vergehn.

Nur noch einmal bricht die Sonne
Unaufhaltsam durch den Duft,
Und ein Strahl der alten Wonne
Rieselt über Tal und Kluft.

Und es leuchten Wald und Heide,
Daß man sicher glauben mag,
Hinter allem Winterleide
Lieg' ein ferner Frühlingstag.

3

Und sind die Blumen abgeblüht,
So brecht der Äpfel goldne Bälle;
Hin ist die Zeit der Schwärmerei,
So schätzt nun endlich das Reelle!

CONRAD FERDINAND MEYER

Fülle

Genug ist nicht genug! Gepriesen werde
Der Herbst! Kein Ast, der seiner Frucht
                           entbehrte!
Tief beugt sich mancher allzu reich beschwerte,
Der Apfel fällt mit dumpfem Laut zur Erde.

Genug ist nicht genug! Es lacht im Laube!
Die saftge Pfirsche winkt dem durstgen Munde!
Die trunknen Wespen summen in die Runde:
»Genug ist nicht genug!« um eine Traube.

Genug ist nicht genug! Mit vollen Zügen
Schlürft Dichtergeist am Borne des Genusses,
Das Herz, auch es bedarf des Überflusses,
Genug kann nie und nimmermehr genügen!

Auf dem Kirchhof

Der Tag ging regenschwer und sturmbewegt,
ich war an manch vergessenem Grab gewesen.
Verwittert Stein und Kreuz, die Kränze alt,
die Namen überwachsen, kaum zu lesen.

Der Tag ging sturmbewegt und regenschwer,
auf allen Gräbern fror das Wort: Gewesen.
Wie sturmestot die Särge schlummerten,
auf allen Gräbern taute still: Genesen.

FRIEDRICH NIETZSCHE

Vereinsamt

Die Krähen schrein
Und ziehen schwirren Flugs zur Stadt:
Bald wird es schnein –
Wohl dem, der jetzt noch – Heimat hat!

Nun stehst du starr,
Schaust rückwärts ach! wie lange schon!
Was bist du Narr
Vor Winters in die Welt entflohn?

Die Welt – ein Tor
Zu tausend Wüsten stumm und kalt!
Wer das verlor,
Was du verlorst, macht nirgends halt.

Nun stehst du bleich,
Zur Winter-Wanderschaft verflucht,
Dem Rauche gleich,
Der stets nach kältern Himmeln sucht.

Flieg, Vogel, schnarr
Dein Lied im Wüsten-Vogel-Ton! –
Versteck, du Narr,
Dein blutend Herz in Eis und Hohn!

Die Krähen schrein
Und ziehen schwirren Flugs zur Stadt:
– bald wird es schnein,
Weh dem, der keine Heimat hat!

Der Herbst

Dies ist der Herbst: der – bricht dir noch das Herz!
Fliege fort! fliege fort! –
Die Sonne schleicht zum Berg
Und steigt und steigt
Und ruht bei jedem Schritt.

Was ward die Welt so welk!
Auf müd gespannten Fäden spielt
Der Wind sein Lied.
Die Hoffnung floh –
Er klagt ihr nach.

Dies ist der Herbst: der – bricht dir noch das Herz!
Fliege fort! fliege fort!
O Frucht des Baums,
Du zitterst, fällst?
Welch ein Geheimnis lehrte dich
Die Nacht,
Daß eisger Schauder deine Wange,
Die Purpur-Wange deckt? –

Du schweigst, antwortest nicht?
Wer redet noch? – –

Dies ist der Herbst: der – bricht dir noch das Herz!
Fliege fort! fliege fort! –
»Ich bin nicht schön
– so spricht die Sternenblume –,
Doch Menschen lieb ich
Und Menschen tröst ich –

Sie sollen jetzt noch Blumen sehn,
Nach mir sich bücken
Ach! und mich brechen –
In ihrem Auge glänzet dann
Erinnrung auf,
Erinnerung an Schöneres als ich: –
– ich seh's, ich seh's – und sterbe so.« –

Dies ist der Herbst: der – bricht dir noch das Herz!
Fliege fort! fliege fort!

RICARDA HUCH

Herbst

September sitzt auf einer hohlen Weide,
Spritzt Seifenblasen in die laue Luft;
Die Sonne sinkt; aus brauner Heide
Steigt Ambraduft.

Als triebe Wind sie, ziehn die leichten Bälle
Im goldnen Schaum wie Segel von Opal,
Darüber schwebt in seidener Helle
Der Himmelssaal.

Auf fernen Tennen stampft der Erntereigen,
Im Takt der Drescher schwingt der starre Saum.
Handörgelein und Baß und Geigen
Summt süß im Raum.

RAINER MARIA RILKE

Herbst

Die Blätter fallen, fallen wie von weit,
als welkten in den Himmeln ferne Gärten;
sie fallen mit verneinender Gebärde.

Und in den Nächten fällt die schwere Erde
aus allen Sternen in die Einsamkeit.

Wir alle fallen. Diese Hand da fällt.
Und sieh dir andre an: es ist in allen.

Und doch ist Einer, welcher dieses Fallen
unendlich sanft in seinen Händen hält.

Herbsttag

Herr: es ist Zeit. Der Sommer war sehr groß.
Leg deinen Schatten auf die Sonnenuhren,
und auf den Fluren laß die Winde los.

Befiehl den letzten Früchten voll zu sein;
gieb ihnen noch zwei südlichere Tage,
dränge sie zur Vollendung hin und jage
die letzte Süße in den schweren Wein.

Wer jetzt kein Haus hat, baut sich keines mehr.
Wer jetzt allein ist, wird es lange bleiben,
wird wachen, lesen, lange Briefe schreiben
und wird in den Alleen hin und her
unruhig wandern, wenn die Blätter treiben.

Weinlese

Die Stöcke hängen vollgepackt mit Frucht. Geruch von
                                        Reben
Ist über Hügelwege ausgeschüttet. Bütten stauen sich auf
                                        Wagen.
Man sieht die Erntenden, wie sie, die Tücher vor der
            braunen Spätjahrsonne übern Kopf geschlagen,
Sich niederbücken und die Körbe an die
                                strotzendgoldnen Euter heben.

Das Städtchen unten ist geschäftig. Scharen reihenweis
                                        gestellter,
Beteerter Fässer harren schon, die neue Last zu fassen.
Bald klingt Gestampfe festlich über alle Gassen,
Bald trieft und schwillt von gelbem Safte jede Kelter.

Die Rosen im Garten

Die Rosen im Garten blühn zum zweiten Mal. Täglich
                                schießen sie in dicken Bündeln
In die Sonne. Aber die schwelgerische Zartheit ist dahin,
Mit der ihr erstes Blühen sich im Hof des weiß und roten
                                        Sternenfeuers wiegte.
Sie springen gieriger, wie aus aufgerissenen Adern
                                        strömend,
Über das heftig aufgeschwellte Fleisch der Blätter.
Ihr wildes Blühen ist wie Todesröcheln,
Das der vergehende Sommer in das ungewisse Licht des
                                        Herbstes trägt.

JOACHIM RINGELNATZ

Herbst im Fluß

Der Strom trug das ins Wasser gestreute
Laub der Bäume fort. –
Ich dachte an alte Leute,
Die auswandern ohne ein Klagewort.

Die Blätter treiben und trudeln,
Gewendet von Winden und Strudeln
Gefügig, und sinken dann still. – –

Wie jeder, der Großes erlebte,
Als er an Größerem bebte,
Schließlich tief ausruhen will.

Herbst

Eine trübe, kaltfeuchte Wagenspur:
Das ist die herbstliche Natur.
Sie hat geleuchtet, geduftet, und trug
Ihre Früchte. – Nun, ausgeglichen,
Hat sie vom Kämpfen und Wachsen genug. –
Scheint's nicht, als wäre alles Betrug
Gewesen, was ihr entwichen?!

Das Händesinken in den Schoß,
das Zweifeln am eignen, an allem Groß,
Das Unbunte und Leise,
Das ist so schön, daß es wiederjung

Beginnen kann, wenn Erinnerung
Es nicht klein machte, sondern weise.

Ein Nebel blaut über das Blätterbraun,
Das zwischen den Bäumen den Boden bedeckt.

Wenn ihr euren Herbst entdeckt:
Dann seid darüber nicht traurig, ihr Fraun.

OSKAR LOERKE

Leise Herbsttage

Die silberne Allee der Weiden
Dreht sich schon tagelang im Wind nach Ost.
Die Blumen rollen ihre Seiden,
Im Sonnenscheine zittert fern ein Frost.

Die Seele fährt auf leisen Achsen,
Und alles, was ein großes Glück heißt, stört,
Denn unsichtbare Wurzeln wachsen
Zu größerm Glücke, heiß und unerhört.

Und über allem, was man vornimmt,
Liegt ein Verschweigen wartender Geduld,
Und hinter alles, was ins Ohr klingt,
Lauschst du auf eine unverhoffte Huld.

Herbstsage

Durch Blätterhecken, rot und schütter,
Bohren silbern Pfeile, Speere;
Duftherb ging vorüber die Seele
Sankt Sebastians in ihrer Ehre.

Vorbei gehn andre: sähen die Bäume,
Sie kehrten sich ab und nähmen Kutten.
Die wilde Rose fiebert erschrocken,
Wie Beulen befallen sie Hagebutten.

Fern, wo Himmel und Schwarzland sich
                                    scheiden,
Liegt ein Klumpen Feuer entfacht.
Da schmieden Pfeile lautlose Männer,
Ganz aus Feuer gemacht.

GOTTFRIED BENN

Viele Herbste

Wenn viele Herbste sich verdichten
in deinem Blut, in deinem Sinn
und sie des Sommers Glücke richten,
fegt doch die fetten Rosen hin,

den ganzen Pomp, den ganzen Lüster,
Terrassennacht, den Glamour-Ball
aus Crêpe de Chine, bald wird es düster,
dann klappert euch das Leichtmetall,

das Laub, die Lasten, Abgesänge,
Balkons, geranienzerfetzt –
was bist du dann, du Weichgestänge,
was hast du seelisch eingesetzt?

GEORG TRAKL

Verklärter Herbst

Gewaltig endet so das Jahr
Mit goldnem Wein und Frucht der Gärten.
Rund schweigen Wälder wunderbar
Und sind des Einsamen Gefährten.

Da sagt der Landmann: Es ist gut.
Ihr Abendglocken lang und leise
Gebt noch zum Ende frohen Mut.
Ein Vogelzug grüßt auf der Reise.

Es ist der Liebe milde Zeit.
Im Kahn den blauen Fluß hinunter
Wie schön sich Bild an Bildchen reiht –
Das geht in Ruh und Schweigen unter.

Herbstdämmerung

Jetzt in dem gelben Baum
Erkennst du die Vögel besser.
Sie fliegen wie dunkle Messer
Durch den hellblättrigen Raum.

Dies Hin und Her, wie's Kreuzen
Von Klingen anzusehn,
Will tausend Blätter anreizen,
Daß sie zu Boden gehn.

Der Laubsturz. Und wie bald
Von Vögeln ausgefochten!
Du weißt, was jene vermochten?
Hier starb die Laubgestalt.

Bewahr sie in deinem Traum.
Morgen steht im Garten,
Auf neue Gewandung zu warten,
Der kahle und klare Baum.

Herbstfeuer

Das Sterben der Buchenwälder
Auf den Kuppen der Rhön
Ist mit Hingang November
Wie in mir selber geschehn.

Dort raschelte ja aus dem Brüten
Der Waldungen überall
Mein schlechter Groll und versprühte
Mit dem Blätterfall.

Es glomm an Ackerbreiten
Ein Herbstfeuer unterdes,
Das malte noch erst meine Zeit hin,
Alsdann verloderte es.

Und mit der Wälder Verdunkeln
Blieb mir vom Eigensinn auch
Nur noch Geknister von Funken
Und vom Unkraut ein Rauch.

ALBRECHT GOES

Spät im Jahr

Habt Vorrat ihr genug, ihr meine Augen,
Für einen Winter, lang und weiß und grau?
Nehmt noch dies Asternrot, dies weiche Lila,
Dies späte Gelb, dies herbstlich klare Blau

Und nehmt den Silberglanz der großen Flüge
Des Habichts und des Eichelhähers wahr,
Und auch den Birnbaum nehmt, ein goldnes
                              Gleichnis
Des Überschwangs vom segensreichen Jahr.

Und endlich nehmt das Lächeln und die reine
Strahlung des schönen Menschenangesichts,
Und alle Nacht wird herrlich euch erhellt sein
Vom farbgen Widerschein geliebten Lichts.

KARL KROLOW

Herbst, langsam näher kommend

Das Grün der Calville-Äpfel,
immer zu zart, geeignet
für die empfindlichen Augen
des Sommers,
der alt wird
mit den gewohnten Umrissen
der Landschaft, ihrer Chemie
von Grün und Gelb,
Sommer, der wie im Kinderlied
ein Taschenmesser
in seinem Herzen hat: –
Herbst, langsam näher kommend,
nah und gewaltlos,
mit anderem Körpergewicht.
Der Himmel ist
ein Schatz fernen Lichtes,
unter dem die Menschen
wach bleiben.

Herbstlicher Kupferstich

Herbstlicher Kupferstich –
Walzerschritte eines Windes,
der Blätter von den Bäumen
reißt.

Silbernes Rascheln oben,
der Himmel.

Leere Weinfässer füllen sich wieder.

Früchte voller Zucker,
wie der Geschmack
von Pfennig-Bonbons.

Entzünde gegen Abend
ein kleines Licht
für die Träume!

Später
der Geruch gelöschter Lampen –
süßes Öl.

Herbstliche Beschäftigungen

Der Landschaftszeichner
trägt hier welkende Astern
ein, dort eine Nebelbank,
den Jäger auf dem Anstand,
totes Wildpret und Weinernte,
beschäftigt sich mit
herbstlichen Requisiten,
Regenschirmen, festem Schuhzeug,
Kapuzenträgern, und ahnt
Gedichtzeilen voller Wehmut.
Das übrige besorgt
der Dichter.

Stilleben mit Herbst

Die Obstbaumleiter steigt zum Himmel
beim Apfel- und beim Birnensturz.
Wie Honig fließt das Laub im Lichte.
Der Überfluß an Farben: kurz

ist er, und nur die bunten Schatten
leben still, beginnen lang
zu fallen und das schnelle Atmen
der Liebe hält im Überschwang

erschrocken ein. Nicht zu benennen
ist Unbehagen, Wohlgefühl.
Die warme Hand wird plötzlich kühl.
Man schweigt. Es gibt nichts zu bekennen.

Herbstverhalten

Die letzten Vogelscheuchen zogen fort.
Ich will den alten, warmen Anzug bürsten,
eh mich das Frieren überkommt. Der Ort
wird deutlich kalt. Bei heißen Würsten

ist Zuflucht und nach einem klaren,
scharfen Getränk tät es mich dürsten.
Der Ostwind zerrt an meinen Stoppelhaaren
und stürzt das Denkmal eines Landesfürsten

aus alter Zeit gefühllos um.
Ich sehe zu, reib mir die Augen dumm.
Das andere Jahrhundert: Vogelscheuchen-

wert hat alles Abgetane.
Das Schicksal einer alten Wetterfahne
bewegt mich wie der Liebe letztes Keuchen.

Herbst auf dem Lande

Ende eines rustikalen Romans
bei sauren Schlehenfrüchten.

Finger deuten auf eine
Blätterwolke am Himmel.

Berthold Auerbach,
aus dem feurigen Schatten
einer Rüster tretend.

Die Haustiere horchen
in den Boden.
Die erste Kälte wird kommen.

Noch heute wird
gebranntes Obst
als fiebriges Wasser
in den Kehlen stehen.

JOHANNES BOBROWSKI

Der lettische Herbst

Das Tollkirschendickicht
ist geöffnet, er tritt
auf die Lichtung, vergessen wird
um die Birkenstümpfe der Hühnertanz, er geht
vorüber am Baum, den die Reiher umflogen,
                                auf Wiesen,
er hat gesungen.

Ach daß der Schwaden Heu,
wo er lag in der hellen Nacht,
das Heu zerstreut mit den Winden
flög auf den Ufern –

wenn nicht mehr wach ist der Strom,
die Wolke über ihm, Stimme
der Vögel, Rufe:
Wir kommen nicht mehr –

Dann entzünd ich dein Licht,
das ich nicht sehn kann, die Hände
legt' ich darüber, dicht
um die Flamme, sie blieb
stehen rötlich vor lauter Nacht
(wie die Burg, die herabkam
über den Hang zerfallen,
wie mit Flügeln das Schlänglein
Licht durch den Strom, wie das Haar
des Judenkindes)
und brannte mich nicht.

HEINZ PIONTEK

Vor herbstlichen Hügeln

Ihr Hügel, nie von mir betört erstiegen,
wie Rücken großer Fische, blau geklärt:
Das Los der Schwärme, die euch überfliegen,
wird meinem Aug und Herzblut nicht gewährt!
Und dennoch bin ich, wo die Wege enden,
die höchste Linie glänzt, und bin bereit,
mich an die überklare Luft zu wenden –
als Ebenbild von jenem Bild befreit,
das dem Gedanken vorschwebt voll Verlangen ...
Wie viele Male spiegelt mich der Raum?
Wo trägt das Licht mich hin? Von welchem Saum
wird noch der Traum des schnellen Lichts umfangen? –
Der Herbst sinnt nach auf goldgekühlten Fluren.
Ins Laubgestöber sinken die Figuren.

Herbststrophen

Die Apfelpresse knirscht mit süßen Zähnen.
Das Vlies fällt schön gebadet in die Schere.
Du brauner Landmann mit den feuchten Strähnen,
dich übersteigt der Silberflug der Leere.

Ach ganz umsonst, ein Bollwerk zu errichten!
Die Feuer brennen aus. Die Nebel würgen.
Auch wer versucht, die Brücken zu vernichten,
kann seinem Sturm kein andres Reich verbürgen.

Ein Wort lang wird des Königs Blau noch währen.
Die edlen Lichter senken schon die Klingen.
Und nur die Schwärme werden wiederkehren
klar und verklärt wie Tränen zu den Dingen.

Für B.

Herbst

Mit brennendem Schnurrbart,
kahlliegendem Schädel,
Epauletten.

Wie ein Oberst.

Wie ein gewöhnlich
sterblicher Oberst.

Herbst

I

Hinterm waldschlaf das schweigen schon

Den hügel ätzt der abend
mit schwarzen gletscherarmen

Stürme heben die schwingen von eisen
gegen überreife wolken

Die krankheit der dächer klappert
wenn sich blätter verwirren

Und die tropfen des angsttraums
schlagen an entzündete fenster.

Hinterm waldschlaf das schweigen

Streut chlor über die schöße
aus mondloser nachthand.

II

Ich zerpflücke die marmorstaude
alle blätter aus lächeln
fressen blinde vögel.

Ich zerpflücke die marmorstaude
mein zimmer friert zwischen den schläfen
aber die Vögel sind blind.

Ich zerpflücke die marmorstaude
ich selbst
züchtete sie in der scherbe des lids.

Ländlicher Herbst

Den Kopf auf mürber Jacke,
beglückt und aufgebahrt,
ritzt Distelkraut die Backe,
hängt Distelflaum im Bart.

Das Jahr ist ausgemolken,
das Laub verbirgt nichts mehr.
Durch zarte Zirruswolken
blitzt blaues Äthermeer.

Der Sommer abgehäutet
und nicht mehr anzusehn –
wie wir ihn ausgebeutet!
Nun laßt ihn südwärts gehn.

Kommt, hockt euch an die Feuer.
Der Trunk verklärt.
Ein ungebärdig neuer
Wein uns zu Herzen fährt.

O Himmel aus Kobalt!
O helle Zuversicht!
Der Schrei der wilden Enten schallt.
Der klare Spiegel bricht.

O süße Purpurtraube –
wohin die Sommer gehn,
wir mischen uns im Staube
und werden auferstehn!

Römischer Herbst

Windstöße, durchsetzt
mit Vogelschrei und Unkenruf:
zerstreut sind wir.

Dann schlag den Mantel um dich,
gehe ans Grab der Metella,
erinnere dich, wie Liebe dauern kann.

Der Schäfer denkt's von seinen Schafen,
Zahn und Lippe wissen von der Pfeife:
wir sind unzertrennlich.

Winters noch hält Regen
Rom die Treue.

Arbeite dann im Haus über
die Macht der Umstände,
ungespalten wie der Vogelscheuchen
                              Geschnarr.

DIETER HOFFMANN

Residenzpark

Das Schwanenhaus wird kühl,
die Wasserfläche
– Ledas stiller Schoß –
des Schilfs enthaart.
Aktäon lodert
unterm Hundeherbst.
Herkules schrumpft
im dämmernden November.
Theaterdiener
schneiden Dahlienquasten.
Zuhörerstühle
stehen taub im Kies.

BERND JENTZSCH

Dieser eine Herbst

Der Lärm des Verblühens, dazwischen der Wald,
Dein Leib bedeckt von den waagrechten Moosen,
Sie stellten dich vor ihren Mündungen auf,
Du fielst mit dem Laub in die Tiefe,
Die Bäume Lautsprecher, dröhnend.

Herbst auf Falster

Himmel wölbt sich: marmorgrau
– Boote ruhn kieloben
Was gestern lichtzerrissen war
zum Netz zusammengewoben.

Wer Farben sucht verläßt den Ort
er kann nur dunkle entdecken
Brombeerschwarz färbt Finger rot
von Hagebuttenhecken

fällt faulig überreife Frucht
auf windgeschmirgelten Boden
Das Meer wirft Muschelheere an Land
beginnt Gesträuch zu roden –

Wer sieht sieht Sturm Zusammenbruch
wo vorher Wurzelgrund war
Wer ahnungslos bleibt verläßt den Ort
und flüchtet: ins alte Jahr.

EDUARD MÖRIKE

Septembermorgen

Im Nebel ruhet noch die Welt,
Noch träumen Wald und Wiesen:
Bald siehst du, wenn der Schleier fällt,
Den blauen Himmel unverstellt,
Herbstkräftig die gedämpfte Welt
In warmem Golde fließen.

RICARDA HUCH

September

September, geliebter, breitest bläuliche Schleier
Über Fluren und Berge leicht,
Und zärtlich darüber streicht
Zuweilen ein Perlenton deiner silbernen Leier.

Was singst du für Lieder? Süß verschwebende Laute,
Dem Ohr kaum vernehmbarer Hauch,
Wie wenn die Rose vom Strauch,
Die sterbende, Blatt für Blatt hernieder taute.

September

Der Garten trauert,
Kühl sinkt in die Blumen der Regen.
Der Sommer schauert
Still seinem Ende entgegen.

Golden tropft Blatt um Blatt
Nieder vom hohen Akazienbaum.
Sommer lächelt erstaunt und matt
In den sterbenden Gartentraum.

Lange noch bei den Rosen
Bleibt er stehen, sehnt sich nach Ruh.
Langsam tut er die großen,
Müdgewordenen Augen zu.

GEORG VON DER VRING

Im Septemberwind

Dolde mit den lila Talern,
Jene mit den vollen weißen,
Diese mit den roten schmalern:
Schöne Blume Phlox geheißen –
Schwankst du noch an Abenden,
Wenn im Feld der Nebel spinnt,
Bei den heimwärts trabenden
Pferden im Septemberwind?

Ach, wo find ich jene Straßen,
Eichen, drin es nächtlich windet,
Wo wir einst im Nebel saßen,
Von der Blume Phlox entzündet?
Aus der Gärten feuchter Gruft
Überstreute sie den Steig,
Und ihr ungestümer Duft
Löste Eicheln vom Gezweig.

HERMANN LENZ

September

Disteln bieten sich an und schwarze
Früchte ungesättigter Lust in dem Garten
Eines verehrlichen Monsieur September,
Der sich mausert im Samenflaum
Und die altweiberlich weiche
Milde seines Gesichts mir entbietet.

KARL KROLOW

Zu einer Musik von Vivaldi

Luftiger September,
wie bei Vivaldi
gebündelte Mandolinen.

Kinder mit Stöcken
schlagen Früchte vom Baum.
Die Zimmer sind
mit Silber behängt.

Canzone Wind.
Es gibt nichts zu beweinen.
Aus offen gelassenen Falltüren
steigt der erste Nebel.

September

September lehrt
den Wind das Vögelfangen.
Mit fliegendem Haar
trägt er sie südwärts,
während über Tischen
Apfelmost verdunstet.

Behutsame Energie
macht keine Umstände
beim Ernten von Früchten
und Augenpaaren.

In der Ferne
strohblumenleichte Stimmen
streiten mit dem Horizont.

Geometer ziehen Linien
durch die erfrischte Luft.

JOHANNES BOBROWSKI

September

Nun ist ein Dunkel,
weit,
über die Stunde herab
wehend. Du willst nicht gehn.
Blaß die Rosen, noch
die Aster
am Zaun herauf,
blau und der Dämmrung
Gebild.

Und wir werden einander
lieben, in jeden Morgen
setzen den Schritt, die weißen
Lieder rufen aus Schnee,
laut
und die Brust
voller Sommer,
Küsse im Nacken, Singsang
der Grillen im Haar.

HEINZ PIONTEK

Grasgarten im September

Die Birnbauminsel treibt durchs Licht,
der Karren rollt ins Heu.
Wenn Laub sich um die Leitern flicht,
vergißt das Herz die Scheu.

Es schäumt mit gelbem Heckengischt
am Feldsteinriff empor,
es wird vom Atlasblau erfrischt,
lauscht mit dem Starenohr.

Vielleicht, daß es die Zeit versäumt,
da es im Spinnweb schwingt –
die Körbe werden leergeräumt,
eh noch der Abend sinkt.

DIETER HOFFMANN

September-Ende

Die Pappel
zeigt noch ihren Sieg,
ein Schwert,
grün ragend
über goldnem fremden Laub.

Bald wird
auch dieses schartig,
rostig, stumpf
und winterlich.

Und schneidet Nebelfahnen
totenstill.

DORIS RUNGE

september

licht runtergebrannt
erdtöne flackern
ein dünner rauchfaden
schwalben nach süden
eine mit gebrochenem
genick
die katze trägt
den sommer zurück

ULLA HAHN

Septembermorgen

Du und ich durchdrungen vom Licht
eines Septembermorgens. Wir verstehen uns
mit der Haut und der Luft
die sich um unsere Haut legt
darunter das Herz
das jetzt so friedfertig schlägt.
Bald öffnen sich die
Kastanienschalen von selbst
geben die Frucht frei.

THEODOR STORM

Oktoberlied

Der Nebel steigt, es fällt das Laub;
Schenk ein den Wein, den holden!
Wir wollen uns den grauen Tag
Vergolden, ja vergolden.

Und geht es draußen noch so toll,
Unchristlich oder christlich,
Ist doch die Welt, die schöne Welt,
So gänzlich unverwüstlich!

Und wimmert auch einmal das Herz, –
Stoß an, und laß es klingen!
Wir wissen's doch, ein rechtes Herz
Ist gar nicht umzubringen.

Der Nebel steigt, es fällt das Laub;
Schenk ein den Wein, den holden!
Wir wollen uns den grauen Tag
Vergolden, ja vergolden!

Wohl ist es Herbst; doch warte nur,
Doch warte nur ein Weilchen!
Der Frühling kommt, der Himmel lacht,
Es steht die Welt in Veilchen.

Die blauen Tage brechen an;
Und ehe sie verfließen,
Wir wollen sie, mein wackrer Freund,
Genießen, ja genießen!

GEORG VON DER VRING

Palette für den Oktober

Lodert im Rund des Tümpels
Wieder dir ein Oktober,
Gib der Palette dein simples
Weiß, dazu den Zinnober;

Schwarz drück aus für Krickenten,
Lichten Ocker fürs Riedgras,
Braun für die länglang zertrennten
Schilfhalme und dies und das.

Doch dein schöner Zinnober
Gilt für die Berberitzen,
Sie stacheln dir noch im Oktober
Augen und Fingerspitzen;

Zäher und länger haften
Dir an, du Mann im Riedgras,
Früchte der Leidenschaften,
Herzweh und dies und das.

PETER HUCHEL

Oktoberlicht

Oktober, und die letzte Honigbirne
hat nun zum Fallen ihr Gewicht,
die Mücke im Altweiberzwirne
schmeckt noch wie Blut das letzte Licht,
das langsam saugt das Grün des
                    Ahorns aus,
als ob der Baum von Spinnen stürbe,
mit Blättern, zackig wie die Fledermaus,
gesiedet von der Sonne mürbe.

Durchsüßt ist jedes Sterben von der Luft,
vom roten Rauch der Gladiolen,
bis in den Schlaf der Schwalben wird der Duft
die Traurigkeit des Lichts einholen,
bis in den Schlaf der satten Ackermäuse
poltert die letzte Walnuß ein,
die braun aus schwarzgrünem Gehäuse
ans Licht sprang als ein süßer Stein.

Oktober, und den Bastkorb voll und pfündig
die Magd in Spind und Kammer trägt,
der Garten, nur von ihrem Pflücken windig,
hat sich ins müde Laub gelegt,
und was noch zuckt im weißen Spinnenzwirne,
es flöge gern zurück ins Licht,
das sich vom Ast die letzte Birne,
den süßen Gröps des Herbstes bricht.

WALTER HELMUT FRITZ

Stunde im Oktober

Zerbrochenes Blau
verweht hinterm Beerengebüsch.
Die flirrende Ermüdung des Bluts
überschwemmt deine Gedanken.

Auf den Feldern die Feuer –
Rauchzeichen der Vergeblichkeit.

Schläfrig dreht sich der Wind.
Alles Gewesene ist
wie der Duft,
der ein paar Tage noch
über dem Wegrand steht.

DIETER HOFFMANN

Oktoberwiese

Der Kelch des Morgens ist kühl
wie das weißliche Fruchtfleisch des Apfels.
In breiten Kastanien-
bäumen bräunt Pferdekraft.
Die Mädchen haben
grüne Mieder an
und in den Achselhöhlen Gemsenhaar.
Büchsenmacher
schwemmen sich über die Schürzen.
Holzvögel zerspritzen.
Trompeten oktobern
im Bierherbst.

CHRISTOPH MECKEL

Mitte Oktober

Hat der Herbstmond eine Schlafmütze auf,
vergißt er, dem Holunder adieu zu sagen,
der Wind zieht sich goldene Handschuhe an,
um die letzten Blätter der Akazie
in sein Tagebuch zu legen;
die erste Schneeflocke zögert noch,
sie läßt sich einstweilen
auf meine Schulter fallen.

Der Regen meint es gut mit mir,
er geht auf dem Dach der Welt
in leisen Pantoffeln spazieren,
aber der liebe Gott hat Siebenmeilenstiefel an
und übergeht die Jahre, in denen ich lebe.

ULLA HAHN

Anfang Oktober

Du schenkst mir Rosen und behältst den Strauch
und Äpfel die ein Wind herunterriß in deinem Garten
und keinen Baum kein Haus kein Kind dein Wort
löst sich in ferne Vogellaute auf

Ich sage bleib noch öfter als bisher
und laß dich gehen
Die reifen Beeren von den Ebereschen
ergreift der Vogel weit trägt er sie fort.

RICARDA HUCH

November

Das Licht erlischt.
Die Nacht wird lang, es wachsen die Schatten,
Der Wald wird kahl, leer werden die Matten.
Wir essen Asche, ins tägliche Brot gemischt. –
Das Licht erlischt.

Das Licht ist tot.
Still sind die einst so fröhlichen Gassen,
Wieviel haben uns auf immer verlassen,
Die am Tisch mit uns saßen, mit uns brachen
       das Brot! –
Das Licht ist tot.

Das Herz ist schwer.
Wo sind, die vor uns dahingegangen?
Das Licht am Himmel wird neu erprangen,
Die toten Menschen kommen nie mehr,
       – nie mehr. –
Das Herz ist schwer.

Novemberohnmacht

Novemberfrost verdarb
Die kühne Gladiole;
Die Winteraster starb.
Im nassen Dunst glimmt weiß
Das Wassergrabenband.
Mein Fuß zerknirscht den Rand,
Als splittre er Phiole.
Greif ich mein Fleisch, ich greife Eis.

Der Tag versinkt. Auf Wiedersehn?
Nichts tönt mehr, nur ein Tropfenfall.
Gekrümmte Blätter wischen
Um mein Gesicht und mischen
Als Düfte sich zurück ins All,
Sie schwinden, sie entstehn.

Ohnmacht befällt das Kalte,
Mächtig wird sie im Schwachen:
Damit die Welt nicht alte,
Begegnen sich im Dämmergrau
Frostspannermann, Frostspannerfrau,
Die zeugesüchtig wachen,
Damit die Welt nicht alte,
Damit die Welt sich halte.

Notenblatt des November

Es lagen im nassen Gras
Birnbaumblätter, die roten,
Als schrieben jetzt emsig die Toten
Und würfen uns Briefe ins Gras.

Der Toten schwarze Schrift
Rändert den Blättern die Röte;
Manch Blatt verrät meine Nöte
In leicht zu entziffernder Schrift.

Aber das eine besaß
Dunkle Punkte im Roten,
Als wären's geschriebene Noten
Von Liedern, die ich vergaß;

Die ich heut, wo November mich trifft,
Für meine taube Flöte
Erinnern soll aus der Röte
Bei kaum zu entziffernder Schrift.

HERMANN LENZ

November

Sonne streichelt schiefe Gräbermale
Mit den zitterigen Fingern dünner Strahlen.
Auf dem Wege glänzt die Spur der Schnecke,
Die sich weitermüht wie meine Liebe
Und den Fuß erwartet, der sie unbedacht zertritt.

Im Moderbett bitterer Blätter sind die Hagebutten
Meiner Freude eingescharrt und warten
Auf die Hand, die sie mir willig ausgräbt:
Rosenfrüchte, frische Lippen im November.

MARGARETE HANNSMANN

Letzter Novembertag

Der erste Reif liegt auf den umgebrochnen Äckern
gestern noch grüne Wiesen sind jetzt blaß

die Wälder rüsten sich
in dieser Nacht sind Abschiede vergangen

das Jahr ist mürb
hält sich dem Winter hin

ich aber buchstabiere an den kahlen Ästen
das einfache Gesetz in seiner Schwere

DORIS RUNGE

november

tage
in weißen laken
wolken winde
pfeifen
hallali
das jahr zur strecke
in meiner ofenecke
den rest verschlafen

Winter

WALTHER VON DER VOGELWEIDE

Vns hat der winter geschadet vber al,
heide vnd walt sint beide nv val,
da manic stimme vil svsse inne hal.
sehe ich die megde an der strasse den bal
werfen, so kême vns der vogele schal.

Môhte ich verslâffen des winters zit!
wache ich die wile, so han ich sin nit,
das sin gewalt ist so breit vnd so wit.
weis got, er lat ôch dem meien den strit;
so lise ich blŭmen, da rife nv lit.

UNBEKANNTER VERFASSER

Es ist ein schne gefallen,
vnd ist es doch nit czeit;
man wurft mich mit den pallen,
der weg ist mir verschneit.

Mein hauß hat keinen gibel,
es ist mir worden alt;
czerbrochen sin mir dye rigel,
mein stublein ist mir kalt.

Ach lib, laß dichs erparmen,
das ich so elend pin,
vnd sleuß mich yn dein armen,
so vert der winter do hin!

Der winter wil vnß entschleichen,
der summer vert do herr,
mir libt ein seuberliche –
wolt got, wer sie mein!

Jch hat mir erkoren
ein minigliches leut,
an dem ich hab verloren
mein lib vnd auch mein treü.

Das lidlein sein gesungen
von einem freulein fein;
ein ander hat mich verdrungen,
das muß ich gut lan sein.

JOHANN RIST

Auff die nunmehr angekommene
kalte Winterzeit

Ode Jambica

Der Winter hat sich angefangen /
Der Schnee bedeckt das gantze Landt /
Der Sommer ist hinweg gegangen /
Der Waldt hat sich in Reiff verwandt.

Die Wiesen sind von Frost versehret /
Die Felder gläntzen wie Metall /
Die Blumen sind in Eis verkehret /
Die Flüsse stehn wie harter Stahl.

Wolan wir wollen von vns jagen
Durchs Fewr das kalte Winterleid /
Kompt / Last vns Holtz zum Herde tragen
Vnd Kohlen dran / jetzt ist es zeit.

Last vns den Fürnewein hergeben
Dort vnten auß dem grossen Faß /
Daß ist das rechte Winterleben:
Ein heisse Stub' vnd kühles Glaß.

Wolan wir wollen musiciren
Bey warmer Lufft vnd kühlem Wein /
Ein ander mag sein klagen führen /
Den Mammon nie lest frölich seyn.

Wir wollen spielen / schertzen / essen /
So lang' vns noch kein Gelt gebricht /
Doch auch der schönsten nicht vergessen /
Denn wer nicht liebt / der lebet nicht.

Wir haben den noch gnug zu sorgen
Wann nun das Alter kompt heran /
Es weiß doch keiner was jhm morgen
Noch vor ein Glück begegnen kan.

Drumb wil ich ohne Sorge leben /
Mit meinen Brüdren frölich seyn /
Nach Ehr' vnd Tugendt thu ich streben /
Den rest befehl' ich Gott allein.

Wie es sanft schneiet

Wenn ich der Lüfte Schaum, den weißen Schnee,
Von oben dicht herunter fallen seh:
So scheint oft selbst die Luft, von regen Flocken, schwer,
Und recht, als ob sie, sanft zu uns herab zu sinken,
Beschäftigt in Bewegung wär.

Durch welche schwebende Beschaffenheit gerühret,
Ein es betrachtendes gelassenes Gemüt,
Das dieses Flockenspiel besieht,
Ein' innigliche Lust, in sanftem Schaudern, spüret.

Wenn wir so dann, in warmem Zimmer,
Von Sorgen frei, am Fenster stehn:
Kann man, nicht sonder Anmut, sehn
Der dichten Flocken weißen Schimmer.
Ihr zwar gedrängt- doch sanfter Fall,
Ihr spielend durch einander Fliegen,
Wirkt ein Bewegen überall,

Und uns ein sonderbar Vergnügen.
Ihr lindes Sinken, Schwärmen, Schweben,
Kann, selbst in Schwermut, unsrer Brust
Ein' Art von einer sanften Lust,
Ein schaudrigtes Vergnügen, geben.

Es scheinen gleichsam Schwermuts-Teile,
Mit dichter Flocken Fall, in Eile,
Auch uns vom Herzen, abzufallen.
Es scheinen, durch dies holde Scherzen,
Die aufgebrachten Trieb im Herzen,
Allmählich sanfter auf zu wallen.

Ach möcht ich doch, so oft ich Schnee,
In der sonst rauhen Winterszeit,
Vor Frost und Unbequemlichkeit
Beschützet, lieblich schwärmen seh;
An Gottes weise Ordnung denken,
Und Ihm, auch für die Winterlust,
Aus meiner Ihm geweihten Brust,
Ihm Dank-erfüllte Seufzer schenken!

Der gestirnte Baum

Die Zweige, welche sonst durch grünes Laub verdecket,
Sind auch anjetzt aufs neu verstecket.
Ein rauher Reif, der alles jetzt erfüllet,
Hat auch die kleinsten Zweig' umgeben und verhüllet;
So, daß der Bäume Wipfel sich
In ihren groß- und kleinen Zweigen,
Absonderlich von weiten, eigentlich,
Als wären sie aufs neu belaubet, zeigen:
Zumal wenn sich der Reif mit Sternen-förmgen Schnee,
Der mit den Spitzen sich an seine Teilchen hänget,
Und ihn dadurch noch luckrer macht, vermenget.

Ich habe solchen Baum einst Wunder-Wunder-schön,
In einer Winter-Nacht, gesehn:
Als der entwölkte Mond auf die gefrornen Spitzen,
Indem es eben stark gereift,
Und der gefrorne Schnee sich überall gehäuft,
Mit hellem Schimmer fiel. Man sah ein helles blitzen
So kräftig, stark und hell, daß sie nicht anders schienen,
Als Sterne erster Größ' an den Sapphirnen Bühnen.

Ich ward recht in der Tat dadurch betrogen.
Denn, wie ich mein Gesicht von unten aufwärts wandt,
Um, durch den Baum, des Himmels blauen Bogen
Bewundernd anzusehn, und ihn voll Sterne fand,
Die ich sonst nie gesehn; erstaunt' ich, bis ich klar
Erblickte, wie die glatten Spitzen
Vom hart gefrornen Schnee, mit einem hellen blitzen,
Der neuen Sternen Ursprung war.

Zwar wird mein Auge fast, in diesem hellen Schein,
Geblendet und verwirrt; allein
O großes All! Ach! laß die Kreatur
Uns oft, wann wir mit Lust derselben Schmuck
                                    verspüren,
Auf solche Art verwirrt, auf die gewünschte Spur
Von Deiner Wunder-Größe, führen!

Winter-Vergnügen im Zimmer

Wann draußen die erstarrte Welt,
Mit scharfem Frost, der dunkle Winter schrecket,
Wenn schroffes Eis das harte Feld,
Mit rauhen Schollen drückt und decket,
Vergönnet mir des Schöpfers Güte,
Daß, mit Bequemlichkeit und ruhigem Gemüte,
Ich ein vergnüglich Feur, in meinem Zimmer,
Den wärmenden Kamin mit Lust erleuchten seh.
Es steigt der regen Flammen Schimmer
Rot, gelb und weiß zugleich, hell-lodernd in die Höh;
Wovon durch jeden Sinn, der ihre Kraft verspüret,
Ich Freuden-voll erquickt werd und gerühret.

Ich sehe die geteilten Spitzen,
Um für den scharfen Frost mich gleichsam zu
                                        beschützen,
Mit reger Emsigkeit sich aufwärts schwingen.
Ich fühle durch die starre Brust
Ein sanftes Wohl, und eine laue Lust
In meinen ganzen Körper dringen,
Und, was durch Kälte starr, erfrischen.
Ich hör ein muntres Rauschen, zischen,
Ein durch die schnelle Loh erregtes Schallen,
Mit oftmals unterbrochnen Knallen,
Der in dem Holz verschränkt- und schnell befreiten
                                        Luft,
Wodurch, bald hier bald dort, gesprengte Funken
                                        fliegen.
Ich rieche den gesunden Duft
Der fetten Fichten mit Vergnügen.
Es schmeckt bei dieser Zeit das holde Kraut der Tee,
Den ich in grüner Farb in feinen Schälchen seh,
Den kalten Lippen wohl. Bald wärmt ein heißer
                                        Wein,
Voll süßer Säurlichkeit und Lust, Hand, Mund und
                                        Magen.
Man sieht mit Lust zu Tische tragen
Castannien, die süße Winter-Kost;
Und was der Anmut mehr, die auch im strengen Frost
Uns unser GOTT, der liebe Vater, schenket.
   Die Kinder stehen auch, vergnüget durch den Schein,
Und halten gegens Feur, von ihrer kalten Hand
Die kleinen Finger, ausgespannt;
Wobei sie sich denn sonderlich ergetzen,
Wenn sie mit kindischem Gewühl
Ein Äpfelchen ans Feur zu braten setzen.

Wenn ich sodann durchs Fenster seh,
Wie draußen alles voller Schnee,
Wie schwarz die Luft, wie scharf und kalt,
Und denke, wie bequem und gut der Aufenthalt,
Den mir des Schöpfers Güte gönnet,
So dank ich Ihm mit Recht: Ich denk auch öfters
                                                nach,
Wie wahr es sei, was jener sprach:
Von einer warmen Stub in kalter Winters-Zeit:
Daß bloß ein Scheiben-Glas der Unterscheid,
Der gleichsam Africa von Nova Zembla trennet.

GOTT gieb daß, so von mir, als meiner kleinen
                                                Herde,
Dein' Allmacht, wie gefühlt, auch so erkennet werde!
Und laß uns doch davor, o Vater! Dir allein
In öfterer Betrachtung dankbar sein!

JOHANN CHRISTIAN GÜNTHER

Lob des Winters

Verzeiht, ihr warmen Frühlingstage,
Ihr seid zwar schön, doch nicht für mich.
Der Sommer macht mir heiße Plage,
Die Herbstluft ist veränderlich;
Drum stimmt die Liebe mit mir ein:
Der Winter soll mein Frühling sein.

Der Winter zeigt an seinen Gaben
Die Schätze gütiger Natur,
Er kann mit Most und Äpfeln laben,
Er stärkt den Leib und hilft der Kur,
Er bricht die Raserei der Pest
Und dient zu Amors Jubelfest.

Der Knaster schmeckt bei kaltem Wetter
Noch halb so kräftig und so rein,
Die Jagd ergötzt der Erden Götter
Und bringt im Schnee mehr Vorteil ein,
Der freien Künste Ruhm und Preis
Erhebt sich durch den Winterfleiß.

Die Zärtlichkeit der süßen Liebe
Erwählt vor andern diese Zeit;
Der Zunder innerlicher Triebe
Verlacht des Frostes Grausamkeit;
Das Morgenrot bricht später an,
Damit man länger küssen kann.

Der Schönen in den Armen liegen,
Wenn draußen Nord und Regen pfeift,
Macht so ein inniglich Vergnügen,
Dergleichen niemand recht begreift,
Er habe denn mit mir gefühlt,
Wie sanfte sich's im Finstern spielt.

Da ringen die getreuen Armen
Mit Eintracht und Ergötzlichkeit,
Da lassen sie den Pfühl erwarmen,
Den oft ein falsches Dach beschneit,
Da streiten sie mit Kuß und Biß
Und wünschen lange Finsternis.

Das Eis beweist den Hoffnungsspiegel,
Der viel entwirft und leicht zerfällt;
Ich küsse den gefrornen Riegel,
Der mir Amanden vorenthält,
Sooft mein Spiel ein Ständchen bringt
Und Sait' und Flöte schärfer klingt.

Ich zieh den Mond- und Sternenschimmer
Dem angenehmsten Tage vor;
Da heb ich oft aus meinem Zimmer
Haupt, Augen, Herz und Geist empor,
Da findet mein Verwundern kaum
In diesem weiten Raume Raum.

Euch Brüder hätt' ich bald vergessen,
Euch, die ihr nebst der deutschen Treu'
Mit mir viel Nächte durch gesessen;
Sagt, ob wo etwas Beßres sei,
Als hier bei Pfeifen und Kamin
Die Welt mitsamt den Grillen fliehn.

Der Winter bleibt der Kern vom Jahre,
Im Winter bin ich munter dran,
Der Winter ist ein Bild der Bahre
Und lehrt mich leben, weil ich kann;
Ihr Spötter redet mir nicht ein;
Der Winter soll mein Frühling sein.

MATTHIAS CLAUDIUS

Ein Lied
hinterm Ofen zu singen

Der Winter ist ein rechter Mann,
  Kernfest und auf die Dauer;
Sein Fleisch fühlt sich wie Eisen an,
  Und scheut nicht Süß noch Sauer.

War je ein Mann gesund, ist er's;
  Er krankt und kränkelt nimmer,
Weiß nichts von *Nachtschweiß* noch *Vapeurs,*
  Und schläft im kalten Zimmer.

Er zieht sein *Hemd* im Freien an,
  Und läßt's vorher nicht wärmen;
Und spottet über Fluß im Zahn
  Und Kolik in Gedärmen.

Aus Blumen und aus Vogelsang
  Weiß er sich nichts zu machen,
Haßt *warmen* Drang und *warmen* Klang
  Und alle *warme* Sachen.

Doch wenn die Füchse bellen sehr,
  Wenn's Holz im Ofen knittert,
Und um den Ofen Knecht und Herr
  Die Hände reibt und zittert;

Wenn Stein und Bein vor Frost zerbricht
  Und Teich' und Seen krachen;
Das klingt ihm gut, das haßt er nicht,
  Denn will er sich totlachen. –

Sein Schloß von Eis liegt ganz hinaus
    Beim Nordpol an dem Strande;
Doch hat er auch ein Sommerhaus
    Im lieben Schweizerlande.

Da ist er denn bald dort bald hier,
    Gut Regiment zu führen.
Und wenn er durchzieht, stehen wir
    Und sehn ihn an und frieren.

LUDWIG CHRISTOPH HEINRICH HÖLTY

Winterlied

Keine Blumen blühn;
Nur das Wintergrün
Blickt durch Silberhüllen,
Nur das Fenster füllen
Blümchen, rot und weiß,
Aufgeblüht aus Eis.

Ach! kein Vogelsang
Tönt mit frohem Klang;
Nur die Winterweise
Jener kleinen Meise,
Die am Fenster schwirrt,
Und um Futter girrt.

Minne flieht den Hain,
Wo die Vögelein
Sonst im grünen Schatten
Ihre Nester hatten,
Minne flieht den Hain,
Kehrt ins Zimmer ein.

Kalter Januar,
Hier werd' ich fürwahr
Unter Minnespielen
Deinen Frost nicht fühlen!
Walte immerdar,
Kalter Januar!

Trinklied im Winter

Das Glas gefüllt!
Der Nordwind brüllt;
Die Sonn ist niedergesunken!
Der kalte Bär
Blinkt Frost daher!
Getrunken, Brüder, getrunken!

Die Tannen glühn
Hell im Kamin,
Und knatternd fliegen die Funken!
Der edle Rhein
Gab uns den Wein!
Getrunken, Brüder, getrunken!

Der edle Most
Verscheucht den Frost,
Und zaubert Frühling hernieder:
Der Trinker sieht
Den Hain entblüht,
Und Büsche wirbeln ihm Lieder!

Er hört Gesang
Und Harfenklang,
Und schwebt durch blühende Lauben;
Ein Mädchenchor
Rauscht schnell hervor,
Und bringt ihm goldene Trauben!

Saus immerfort,
O Winternord,
Im schneebelasteten Haine!
Nur streu dein Eis,
O lieber Greis,
In keine Flaschen mit Weine!

Der stolzen Frau
Färb braun und blau
Den Kamm, der adlich ihr schwillet!
Nur mußt du fliehn
Den Hermelin,
Der junge Busen verhüllet!

Winterlied

Das Feld ist weiß, so blank und rein,
Vergoldet von der Sonne Schein,
Die blaue Luft ist stille;
Hell, wie Kristall
Blinkt überall
Der Fluren Silberhülle.

Der Lichtstrahl spaltet sich im Eis,
Er flimmert blau und rot und weiß,
Und wechselt seine Farbe.
Aus Schnee heraus
Ragt, nackt und kraus,
Des Dorngebüsches Garbe.

Von Reifenduft befiedert sind
Die Zweige rings, die sanfte Wind'
Im Sonnenstrahl bewegen.
Dort stäubt vom Baum
Der Flocken Pflaum
Wie leichter Blütenregen.

Tief sinkt der braune Tannenast
Und drohet, mit des Schnees Last
Den Wandrer zu beschütten;
Vom Frost der Nacht
Gehärtet, kracht
Der Weg, von seinen Tritten.

Das Bächlein schleicht, von Eis geengt;
Voll lautrer, blauer Zacken hängt
Das Dach; es stockt die Quelle;
Im Sturze harrt,
Zu Glas erstarrt,
Des Wasserfalles Welle.

Die blaue Meise piepet laut;
Der muntre Sperling pickt vertraut
Die Körner vor der Scheune.
Der Zeisig hüpft
Vergnügt und schlüpft
Durch blätterlose Haine.

Wohlan! auf festgediegner Bahn,
Klimm ich den Hügel schnell hinan,
Und blicke froh ins Weite;
Und preise den,
Der rings so schön
Die Silberflocken streute.

JUSTINUS KERNER

Im Winter

Als meine Freunde,
Die Bäume, blühten,
Rosen und Feuer-
Lilien glühten,
Waren die Menschen
All mir bekannt,
War mir die Erde
Lieb und verwandt.

Jetzt wo die Freunde,
Die Bäume, gestorben,
Jetzt wo die Lieben,
Die Blumen, verdorben,
Stehen die Menschen
Kalt auf dem Schnee,
Und was sie treiben
Macht mir nur weh.

Mir träumt', ich ruhte wieder
Vor meines Vaters Haus
Und schaute fröhlich nieder
Ins alte Tal hinaus,
Die Luft mit lindem Spielen
Ging durch das Frühlingslaub,
Und Blütenflocken fielen
Mir über Brust und Haupt.

Als ich erwacht, da schimmert
Der Mond vom Waldesrand,
Im falben Scheine flimmert
Um mich ein fremdes Land,
Und wie ich ringsher sehe:
Die Flocken waren Eis,
Die Gegend war vom Schnee,
Mein Haar vom Alter weiß.

Winternacht

Verschneit liegt rings die ganze Welt,
Ich hab nichts, was mich freuet,
Verlassen steht der Baum im Feld,
Hat längst sein Laub verstreuet.

Der Wind nur geht bei stiller Nacht
Und rüttelt an dem Baume,
Da rührt er seinen Wipfel sacht
Und redet wie im Traume.

Er träumt von künft'ger Frühlingszeit,
Von Grün und Quellenrauschen,
Wo er im neuen Blütenkleid
Zu Gottes Lob wird rauschen.

NIKOLAUS LENAU

Winternacht

1

Vor Kälte ist die Luft erstarrt,
Es kracht der Schnee von meinen Tritten,
Es dampft mein Hauch, es klirrt mein Bart;
Nur fort, nur immer fortgeschritten!

Wie feierlich die Gegend schweigt!
Der Mond bescheint die alten Fichten,
Die, sehnsuchtsvoll zum Tod geneigt,
Den Zweig zurück zur Erde richten.

Frost! friere mir ins Herz hinein,
Tief in das heißbewegte, wilde!
Daß einmal Ruh mag drinnen sein,
Wie hier im nächtlichen Gefilde!

2

Dort heult im tiefen Waldesraum
Ein Wolf; – wie's Kind aufweckt die Mutter,
Schreit er die Nacht aus ihrem Traum
Und heischt von ihr sein blutig Futter.

Nun brausen über Schnee und Eis
Die Winde fort mit tollem Jagen,
Als wollten sie sich rennen heiß:
Wach auf, o Herz, zu wildem Klagen!

Laß deine Toten auferstehn
Und deiner Qualen dunkle Horden!
Und laß sie mit den Stürmen gehn,
Dem rauhen Spielgesind aus Norden!

FRIEDRICH HEBBEL

Winterlandschaft

Unendlich dehnt sie sich, die weiße Fläche,
Bis auf den letzten Hauch von Leben leer;
Die muntern Pulse stockten längst, die Bäche,
Es regt sich selbst der kalte Wind nicht mehr.

Der Rabe dort, im Berg von Schnee und Eise,
Erstarrt und hungrig, gräbt sich tief hinab,
Und gräbt er nicht heraus den Bissen Speise,
So gräbt er, glaub ich, sich hinein ins Grab.

Die Sonne, einmal noch durch Wolken blitzend,
Wirft einen letzten Blick aufs öde Land,
Doch, gähnend auf dem Thron des Lebens sitzend,
Trotzt ihr der Tod im weißen Festgewand.

Winternacht

Nicht ein Flügelschlag ging durch die Welt,
Still und blendend lag der weiße Schnee.
Nicht ein Wölklein hing am Sternenzelt,
Keine Welle schlug im starren See.

Aus der Tiefe stieg der Seebaum auf,
Bis sein Wipfel in dem Eis gefror;
An den Ästen klomm die Nix' herauf,
Schaute durch das grüne Eis empor.

Auf dem dünnen Glase stand ich da,
Das die schwarze Tiefe von mir schied;
Dicht ich unter meinen Füßen sah
Ihre weiße Schönheit Glied um Glied.

Mit ersticktem Jammer tastet' sie
An der harten Decke her und hin –
Ich vergess' das dunkle Antlitz nie,
Immer, immer liegt es mir im Sinn!

Winteranfang

Die Platanen sind schon entlaubt. Nebel fließen. Wenn
    die Sonne einmal durch den Panzer grauer Wolken
    sticht,
Spiegeln ihr die tausend Pfützen ein gebleichtes runzliges
    Gesicht.
Alle Geräusche sind schärfer. Den ganzen Tag über hört
    man in den Fabriken die Maschinen gehn –
So tönt durch die Ebenen der langen Stunden mein Herz
    und mag nicht stille stehn
Und treibt die Gedanken wie surrende Räder hin und
    her,
Und ist wie eine Mühle mit windgedrehten Flügeln, aber
    ihre Kammern sind leer:
Sie redet irre Worte in den Abend und schlägt das Kreuz.
    Schon schlafen die Winde ein. Bald wird es schnei'n.
Dann fällt wie Sternenregen weißer Friede aus den
    Wolken und wickelt alles ein.

Lebhafte Winterstraße

Es gehen Menschen vor mir hin
Und gehen mir vorbei, und keiner
Davon ist so, wie ich es bin.
Es blickt ein jedes so nach seiner
Gegebenen Art in seine Welt.

Wer hat die Menschen so entstellt??

Ich sehe sie getrieben treiben.
Warum sie wohl nie stehenbleiben,
Zu sehen, was nach ihnen sieht?
Warum der Mensch vorm Menschen flieht?

Und eine weiße Weite Schnee
Verdreckt sich unter ihren Füßen.
So viele Menschen. Mir ist weh:
Keinen von ihnen darf ich grüßen.

Stille Winterstraße

Es heben sich vernebelt braun
Die Berge aus dem klaren Weiß,
Und aus dem Weiß ragt braun ein Zaun,
Steht eine Stange wie ein Steiß.

Ein Rabe fliegt, so schwarz und scharf,
Wie ihn kein Maler malen darf,
Wenn er's nicht etwa kann.
Ich stapfe einsam durch den Schnee.
Vielleicht steht links im Busch ein Reh
Und denkt: Dort geht ein Mann.

OSKAR LOERKE

Schwebend im Schnee

Wie mit langen sausenden Wurzeln hängt Sturm in der
                                        Nacht,
Von ihnen trieft Schnee in großen Frachten.
Die Stadt schläft inmitten, dennoch abseits,
In ihren Fuchsburgschachten die Grubenlichter wachen.

Mein hörender Geist, dem unaufhörlichen Sausen
                                        lauschend,
Führt mich und findet in ihm die monotone
                                beschreitbare Fläche,
Bannt mir die Wirbel des Schnees und ebnet sie weit
                                        hinaus
Und winkt auf irdischem Fuße verbotene Ebne
                        ambrosisch sommerndes Lächeln.

Meine Demut erblüht, sieh, auf dem Blumenplan,
Der unter Schwerem einsinkt: eine grüne Nessel.
O meine Demut, wir lebten einander vorüber,
Wir haben uns nicht gewußt, uns vergessen.

Oh, nun ist nicht Zeit mehr zu lauschen,
Wie sie jubeln im Julidonner: zwei Drosseln –
Meine Begeisterungen von einst,
Aus diesen Augen früh und flüchtig ergossen!

Im Hochwald rinnt ein roter Bach:
Sonne unter der Sonne –
Meine Seele grübelt sich durch das Gestein,
Nie hat sie sich meiner entsonnen.

Zuckender Schnee,
Rasende Reise
Des Himmels ins Weh,
Irr engt sich das Weite.

An einem Wintermorgen

Die Seele grünt noch im Sehnsuchtskummer,
Der mit dem Schlafe nicht entschlief.
Am Ohre lungert ihm Fernsprechnummer,
Maschinenhacken, Schemabrief.

Er sieht: In rubinener Tagesneige
Nimmt raschen Abschied, was ewig hieß,
Schattet mit breiten Blättern die Feige
Über den Weg aus dem Paradies.

Eben hat er den Enzian gebrochen
Auf einem Berg, den die Eiszeit verschlang,
Und er hat ein brandiges Opfer gerochen
Zum Gebet, das ein Ahnherr für ihn sang.

Im Lichte der Sichel, fern hergeliehen
Vom donnernden Tage, der jenseits stand,
Ist ihm das nächtliche Weistum gediehen
Bei schlissigem Laub an herbstkalter Wand.

Die Atemwolke aus ihm dauert
Im Raum, wo Vergehendes stille steht,
Wo der Büßer, der auf dem Bettrand kauert,
Draußen im Frost hockt, vom Nachtschnee
                    verweht.

Winterstille

Im Eise will der Wald verdorren,
Wie die gestrengen Herrn ihn trafen.
Ein Nebel hängt in seinen Knorren
Und ist im Dunklen eingeschlafen.
Die lange Zeit ist irr geworden,
Als Amsel in den Baum gesprungen,
Verdreht den Hals und starrt nach Norden,
Schreit auf und ist dem Rufe nachverklungen.

GEORG HEYM

Der Winter

Der blaue Schnee liegt auf dem ebenen Land,
Das Winter dehnt. Und die Wegweiser zeigen
Einander mit der ausgestreckten Hand
Der Horizonte violettes Schweigen.

Hier treffen sich auf ihrem Weg ins Leere
Vier Straßen an. Die niedren Bäume stehen
Wie Bettler kahl. Das Rot der Vogelbeere
Glänzt wie ihr Auge trübe. Die Chausseen

Verweilen kurz und sprechen aus den Ästen.
Dann ziehn sie weiter in die Einsamkeit
Gen Nord und Süden und nach Ost und Westen,
Wo bleicht der niedere Tag der Winterzeit.

Ein hoher Korb mit rissigem Geflecht
Blieb von der Ernte noch im Ackerfeld.
Weißbärtig, ein Soldat, der nach Gefecht
Und heißem Tag der Toten Wache hält.

Der Schnee wird bleicher, und der Tag vergeht.
Der Sonne Atem dampft am Firmament,
Davon das Eis, das in den Lachen steht
Hinab die Straße rot wie Feuer brennt.

Ein Winterabend

Wenn der Schnee ans Fenster fällt,
Lang die Abendglocke läutet,
Vielen ist der Tisch bereitet
Und das Haus ist wohlbestellt.

Mancher auf der Wanderschaft
Kommt ans Tor auf dunklen Pfaden.
Golden blüht der Baum der Gnaden
Aus der Erde kühlem Saft.

Wanderer tritt still herein;
Schmerz versteinerte die Schwelle.
Da erglänzt in reiner Helle
Auf dem Tische Brot und Wein.

Winterdämmerung

An Max von Esterle

Schwarze Himmel von Metall.
Kreuz in roten Stürmen wehen
Abends hungertolle Krähen
Über Parken gram und fahl.

Im Gewölk erfriert ein Strahl;
Und vor Satans Flüchen drehen
Jene sich im Kreis und gehen
Nieder siebenfach an Zahl.

In Verfaultem süß und schal
Lautlos ihre Schnäbel mähen.
Häuser dräu'n aus stummen Nähen;
Helle im Theatersaal.

Kirchen, Brücken und Spital
Grauenvoll im Zwielicht stehen.
Blutbefleckte Linnen blähen
Segel sich auf dem Kanal.

Im Winter

Der Acker leuchtet weiß und kalt.
Der Himmel ist einsam und ungeheuer.
Dohlen kreisen über dem Weiher
Und Jäger steigen nieder vom Wald.

Ein Schweigen in schwarzen Wipfeln wohnt.
Ein Feuerschein huscht aus den Hütten.
Bisweilen schellt sehr fern ein Schlitten
Und langsam steigt der graue Mond.

Ein Wild verblutet sanft am Rain
Und Raben plätschern in blutigen Gossen.
Das Rohr bebt gelb und aufgeschossen.
Frost, Rauch, ein Schritt im leeren Hain.

Krähen im Schnee

Die schwarzen Krähen auf dem weißen Feld:
Der Anblick macht das Herz erregt.
Es stäubt der Schnee. In Wirbeln kreist die Welt.
Sie sitzen auf den Bäumen unbewegt.

Die Zaubertiere aus der alten Zeit,
Sie sind bei uns nur zu Besuch.
Sie tragen noch das Galgenvogelkleid,
Sie hörten einst den rauhen Henkerfluch.

Was denken sie? Ach, du errätst es nicht!
Sie starren einsam vor sich hin.
Der Himmel hat ein milchig trübes Licht.
So war die Welt im ersten Anbeginn.

Nun naht vom Wald her sich ein neuer Gast.
Die andern sehen ihm nicht zu.
Er läßt sich nieder auf dem weißen Ast.
Und dann ertönt auch durch die Winterruh

So rauh wie hohl der alte Krähenschrei.
In ihm ist Langweil und Verdruß.
So hocken sie, das schwarze Einerlei,
Und wirbelnd fällt der Schnee, wohin er muß.

PETER HUCHEL

Wintersee

Ihr Fische, wo seid ihr
mit schimmernden Flossen?
Wer hat den Nebel,
das Eis beschossen?

Ein Regen aus Pfeilen,
ins Eis gesplittert,
so steht das Schilf
und klirrt und zittert.

Winterpsalm

Für Hans Mayer

Da ich ging bei träger Kälte des Himmels
Und ging hinab die Straße zum Fluß,
Sah ich die Mulde im Schnee,
Wo nachts der Wind
Mit flacher Schulter gelegen.
Seine gebrechliche Stimme,
In den erstarrten Ästen oben,
Stieß sich am Trugbild weißer Luft:
»Alles Verscharrte blickt mich an.
Soll ich es heben aus dem Staub
Und zeigen dem Richter? Ich schweige.
Ich will nicht Zeuge sein.«

Sein Flüstern erlosch,
Von keiner Flamme genährt.

Wohin du stürzt, o Seele,
Nicht weiß es die Nacht. Denn da ist nichts
Als vieler Wesen stumme Angst.
Der Zeuge tritt hervor. Es ist das Licht.

Ich stand auf der Brücke,
Allein vor der trägen Kälte des Himmels.
Atmet noch schwach,
Durch die Kehle des Schilfrohrs,
Der vereiste Fluß?

Schnee

*Dem Gedächtnis
Hans Henny Jahnns*

Der Schnee treibt,
das große Schleppnetz des Himmels,
es wird die Toten nicht fangen.

Der Schnee wechselt
sein Lager.
Er stäubt von Ast zu Ast.

Die blauen Schatten
der Füchse lauern
im Hinterhalt. Sie wittern

die weiße
Kehle der Einsamkeit.

GÜNTER EICH

Winterliche Miniatur

Übers Dezembergrün der Hügel
eine Pappel sich streckt wie ein Monument.
Krähen schreiben mit trägem Flügel
eine Schrift in den Himmel, die keiner kennt.

In der feuchten Luft gibt es Laute und Zeichen:
die Hochspannung klirrt wie Grillengezirp,
die Pilze am Waldrand zu Gallert erbleichen,
ein Drosselnest im Strauchwerk verdirbt,

der Acker liegt in geschwungenen Zeilen,
das Eis auf den Pfützen zeigt blitzend den Riß.
Wolken, schwanger von Schnee, verweilen
überm Alphabete der Bitternis.

JOHANNES BOBROWSKI

Wintergeschrei

Krähen, Krähen,
grünes Eis, Krähen
über dem Strom. Erstarrt
Gesträuch, seine Flucht
uferhinauf.

Schnee, er stäubt nicht,
wenn ihn dein Flügel streift,
Vogel, Strauchvogel, aber
ein wenig Blut
dein Herz
mitten im Eis, dein Ruf
eine Rauchspur über
der Sandbank,

wo unermüdend waren
Umarmungen, immer
lebte der Strom.

Winterlicht

In dieser Nacht
lausch ich nach euch, ferne Flüsse,
euerem ersten Eis,
lange. Jenen schmalen
Binsenton hör ich; das Dorf
schläft.

Kindheit, bräunlich, ein kaltes
Brunnengewässer, sandig –
Immer schwang der hölzerne
Eimer hinunter. Wer kam?
löste von rostender Kette ihn?
ach, wer trank?

Unsrer Hütten dunkel
redende Güte, ihr sanftes
Wort ist verschneit,
Muhmengewisper und Kinderruf –

Zeit aus Fliederfarben
einst, da im ziehenden Himmel
hingen Vögel, im schwindenden
Schein; der Himmel
blieb stehn,
hielt überm Scheunendach, voller
schwieg er die Schatten herein.

Winter wurde es immer.
Mit Taubenflügeln kam
tiefer die Bläue, ein hängendes
Dach, erschimmernd leise
über der Welt.

Und der Jägerschrei fuhr
an den Hang auf, schweigendem
Schnee entgegen. O tiefe
Schwärze! dein Herz
voller Licht!

Winter, gemalt

Und in den weißen Röcken
im Schnee die Österreicher.
Laß uns aufschauen
und ihre Spuren
im Finkenschlag finden,
in den Gebirgsspitzen.
Grün dämmert schon
die Ölbergfarbe
von den Wänden,
die wispernden Scheunendächer.
So leicht wie heute
wechseln die Schatten nie mehr.

Winterrichtung

Ich lasse mich
von den Jagdhörnern
aus meinen Schlupfwinkeln jagen,
hin zu der Morgenröte
unterm Schnee,
zum vergilbenden Gras.

Mit meinen Händen
erreich ich
schon die Gelübde der Alten,
die mich rasch aufwärts ziehen,
hol mir
den winkligen Mond.

Winterfrüh

Eh die Träume rosten und brechen,
laß die Geliebten drauf hinunterfahren,
die Großen und die Kleinen in den grauen
                                    Mänteln,
schaut her, die helle Bahn, das Eis.

Winteranfang

Im Fach liegt nichts mehr,
die Soldaten, die um Mittag starben,
schlafen leichter unter dem Glas.
Die Windrichtungen sind schuld,
daß die Gräser sich einzogen
und dürr wurden,
daß die Rahmen paßten,
die beschlossenen Herbste.
Wo flog mein Drachen hin, wie rasch,
wie kam es, sank er
orangenrot, um sich zur Ruh zu betten,
an euer Haus?

MARGARETE HANNSMANN

Frost

Nie sah ich so die Knospen glänzen
wie an den Bäumen in der Januarsonne

ich lerne stillzuhalten
bis der blasse Mond
am Morgenhimmel vollends untergeht

JOHANNES POETHEN

Frost

Gehaun in den marmor der kälte
grabstatt tief im stein
steht die schwärze des baums.

Der wind hat hände aus stahl
reißt von der starren gestalt
die reste braunen gewands –

Mein auge vom zimmer bewahrt
hüllt sich ein weil es friert
tief in den mantel des lids.

Jungfräuliche Freundin Schnee

Gott sei es gelobt,
daß du gefallen bist,
windelweicher, königlicher Schnee!
Dein Glanz auf mein Haupt!
Lachend empfangen, wie es sich ziemt,
lachend mit offenen Armen,
Freundin von zärtlicher Kühle!

Gelobt sei dein Fall!

Du bist schön wie ein weißes
Kaninchen mit rötlichen Augen.
Der Schatten der Raben,
wie ein geworfener Wirbel von Blättern,
macht deine blendende Reinheit unglaublich.

Du seist gelobt!
Und gelobt sei der Schatten der Raben!

Winterspaziergang

Die Botschaft der Brunnen
ist Schweigen, wenn der Dezemberabend
violett und schweflig
alle Liebkosungen im Freien
verwehrt.

Im Berggarten umarmen
schwarze Birnbaumzweige
die nackten
Spalierstangen des Gärtners,
während das Wintergras
sich gegen die Wurzeln zurückzieht.

Unser Fleisch,
Pelzmantel der Knochen,
schweigt tiefgekühlt. Unser Haar,
gegen den Strich gestriegelt,
sucht mit weißen Fingerspitzen
nach warmen Brisen.

Dann haben wir den Berg bestiegen,
Tanzplatz der Winde –
und Liebe ist ein ferngerücktes Kaminfeuer
mit Nacken und Schenkeln,
redselig.

WALTER HELMUT FRITZ

Ein Morgen,
an dem frischer Schnee fällt

Die Straßenbahnen
sind sehr gelb
und fahren
leiser
als gewöhnlich.

Der Zeitungsstand
blüht
in der Dämmerung.
Viele Menschen
sind unterwegs,
die denken,
das Dasein ist schön.

Wie weich
die Umrisse
der Autos sind.

Der spröde Duft.
Man sollte jetzt
weit gehen können,
denn man geht
über der Erde.

Man sieht
nur eine Ruflänge weit.
Aber seltsam,
daß sich die Jahre
zwischen den Alleebäumen
öffnen.

Die Laternen
brennen
wie hinter der Welt.
Die Radfahrer
haben Mühe,
vorwärtszukommen:

Ein Morgen,
an dem frischer Schnee
fällt.

Schnee

I

Schnee,
Anspielung
auf die Zukunft.

Zukunft,
verletzliches Wort.

II

Schnee.

Die Hoffnung hat
große Augen.

Äschylos sah,
daß sie blind waren.

DIETER HOFFMANN

Dunkler Winter

Die Pappel
der Besen
von Schaufel und Besen.

Dach
schaufelt Schnee
und Eis
und Erde.

Und Nebel wäscht
mit einem Scheuerhader.

Die Runkelrüben
dunkeln
wie ein Lichtstumpf.

CHRISTOPH MECKEL

Im Winter

Im Winter gilt meine Liebe
mehr noch den Möwen als den Fischen,
und mein Erinnern vereint sich mit der Hoffnung,
die weiße Scheibe des Mondes wiederzufinden.

Meine Nächte möchte ich
in den Bootshäusern verbringen und die Hälfte
meiner dämmernden Tage auf dem Laufsteg
im Gespräch mit den Möwen.

Als letztes möchte ich
einen flügellahmen Spatzen vor einer Lawine retten
und dann, wenn es nichts mehr zu tun gibt,
unter dem Mond, der Eichendorff wachhielt,
                                    einschlafen.

winter

maulfaul hocken die häuser
in zugeknöpften kapuzen
vor ihrem eignen schatten,
der violett zu abend geht.
auf unwirtlichen flächen
wildert der frost,
schlägt sich ins holz, ins fleisch.
eingeschworen auf der weißnäher gleißendes weiß,
tagt der notorische krähenkongreß.
ein schneepflug kursiert,
sachlich schiebt er beiseite
des winters sentimentale schönfärberein.

eisgang

eine stimme rudert über den fluß:
fährmann, hol über!
der schweiger beugt sich ins dunkel.
ertrinkende stille,
strudel inmitten,
fische bäuchlings und phenol.
es schwimmen die inseln
durch der flußvögel schlaf.
grelle schreie im ohr
seit herzlosen wintern.
bei klirrendem frost
ein tod –

scheffelweise die toten
auf den treibenden schollen.
auf die schwimmhäute fiel schnee.
aus dem wasser steigt
des flusses schlechter atem.
phönixleer der himmel.
rauch ist gestiegen,
ruß ist gefallen,
weich wie die flocken des schnees.

SARAH KIRSCH

Der Winter

Purpurfahnen. Roter Rauch aus den Häusern.
Verrückte ausgepreßte Seelen fahren auf.
In Sonnenblut getauchte Korallenwälder.
Rote Treppen am Himmel die Krähen
Fliegen von Stufe zu Stufe Herzkrähen
Vor Gottes uneingenommenen Thron.

Wintermusik

Bin einmal eine rote Füchsin ge-
Wesen mit hohen Sprüngen
Holte ich mir was ich wollte.

Grau bin ich jetzt grauer Regen.
Ich kam bis nach Grönland
In meinem Herzen.

An der Küste leuchtet ein Stein
Darauf steht: Keiner kehrt wieder.
Der Stein verkürzt mir das Leben.

Die vier Enden der Welt
Sind voller Leid. Liebe
Ist wie das Brechen des Rückgrats.

Schnee

Wie sich vor unseren geübten Augen
Alles verwandelt das Dorf fliegt
Um Jahrhunderte rückwärts im Schnee
Es bedarf dazu einiger Krähen
Kopfweiden am Weg altmodische Hunde
Liebe und Treue gelten du ziehst mich
Über Gräben trägst mein gestohlenes
Bündelchen Holz in den Abend
Lebendiger Rauch hüllt die Dächer.

Eisrosen

In diesem Winter blühten die Rosen einfach weiter.
Triefende Nebellaken dämpften jedes Geräusch.
Die Dohlen knarrten stundenlang auf unserer Insel
Sie waren nicht imstande den Ort zu verlassen.
Der grüne Deich eine Zunge auf der ich stand früh
Am Morgen kam aus dem Nichts und führte auch wieder
Hinein. Ein paar Meter Gras in der Luft dahinter
Reißt alles ab und ich bin es zufrieden.
Welche Überraschung so unvermutet am
Ende zu sein friedlich in all
Dem wässrigen Weiß in lockere Laken geschlagen.

ROLF HAUFS

Schnee

Erinner dich wie oft hat wer gewarnt
Oliven auf den Bergen der Kälte preisgegeben
Die Zellen zerstört. Sie legen dich
Aufs Kreuz

Schlepp schnell den Rest ohne daß
Dich jemand klagend findet. Immer noch schweben
Die Sterne die leuchten durch die Haut
Bis auf den Grund da lieber
Sieh nicht hin

Vom Himmel hoch fällt Schnee auf tausend Städte
Dornwald hat kein Laub getragen
Überlebende solange wir leben

Sonntag, winterlich

Noch sind wir in unseren Wohnungen. Kinder
Melden sich nicht. Schlittschuhfahren
Die langen Spuren. Das Geräusch auf hartem Eis
Wie kalt sind unsere Gedanken. Abwägend
Wessen Vorteil mit welcher Münze bezahlt
Alte Wunden beginnen zu bluten. Freunde
Melden sich nicht. Autofahren
Quer durch die Stadt. Himmelblau
Frauen in gefütterten Jacken
Reißende Hunde. Mörder
Melden sich nicht.

GEORG TRAKL

Dezembersonett

Am Abend ziehen Gaukler durch den Wald,
Auf wunderlichen Wägen, kleinen Rossen.
In Wolken scheint ein goldner Hort verschlossen,
Im dunklen Plan sind Dörfer eingemalt.

Der rote Wind bläht Linnen schwarz und kalt.
Ein Hund verfault, ein Strauch raucht
                                    blutbegossen.
Von gelben Schrecken ist das Rohr durchflossen
Und sacht ein Leichenzug zum Friedhof wallt.

Des Greisen Hütte schwindet nah im Grau.
Im Weiher gleißt ein Schein von alten Schätzen.
Die Bauern sich im Krug zum Weine setzen.

Ein Knabe gleitet scheu zu einer Frau.
Ein Mönch verblaßt im Dunkel sanft und düster.
Ein kahler Baum ist eines Schläfers Küster.

PETER HUCHEL

Dezember

Nun wintert es in Luch und Lanken,
im Graben klirrt das schwarze Eis.
Und Schilf und Binsen an den Planken
stehn unterm Nebel steif und weiß.

Mit Kälte sind bepackt die Schlitten,
die Gäule eisig überglänzt.
Die Gans hängt starr, ins Hirn geschnitten.
Das fahle Rohr liegt flach gesenst.

Das Licht der Tenne ist erloschen.
Schnee drückt der kleinen Kirche Walm,
im Klingelbeutel friert der Groschen
und beizend schwelt der Kerzen Qualm.

Der Wind umheult die Kirchhofsmauer.
Des Todes karges Deputat
ist ein vereister Blätterschauer
der Eichen auf den letzten Pfad.

Hier ruhn, die für das Gut einst mähten,
die sich mit Weib und Kind geplagt,
landlose Schnitter und Kossäten.
Im öden Schatten hockt die Magd.

Die Nacht ist ihre leere Scheune.
Die toten Schafe ziehn zur Schur.
Des Winters Korn behäuft die Zäune,
furcht es die hungerharte Flur.

Der Sturm wohnt breit auf meinem Dache,
wie eine Grille zirpt der Frost.
Und wenn ich alternd nachts erwache,
stäubt Asche kalt vom morschen Rost.

Am Hoftor schwer die Balken knarren,
im Nebel läutet ein Gespann.
Ein Kummet klirrt und Hufe scharren.
Ich weiß, ein grober Knecht spannt an.

Der Wolken Mauer steht dahinter
auf Wald und See und grau wie Stein.
Bald wird das Feuer vieler Winter
in einer Nacht erloschen sein.

Dezember

Lied durch den Schnee, die kleine
Birke zu wärmen,
in der dröhnenden Finsternis.

Schwinge,
Vogelschwinge, du weißer
Gesang. Wir sprachen im Dunkel
unter dem hohen Mond.
Der fuhr auf dem Wind.

Irdisch bin ich,
ich fall an die Erde, der alte Chinese
stieg in sein Bild,
ging davon.

dezember

vor uns her pendelt der frostrauch.
gefrorene stimmen.
auf den pappdächern des fuhrwerkers
am stadtrand, wo bäurisches
langsam hingeht, sind frische laken
gebreitet. der kohlenhändler
verkauft nur noch schwarzen schnee.
um mitternacht entlassen die kneipen
ihre seßhaftesten zecher.
einer torkelt vorüber,
krakeelt sich was im suff.
uns kann er kein fenster mehr einschlagen.
wir sind entstiegen dem winterquartier,
türlos, fensterlos, kalt,
für eine nacht uns
in der torfahrt zu wärmen
die froststarren hände.
alle eiskammern entriegelt,
lebendiges stumm.
die kälte stürzt sich verbissen auf uns,
fährt uns den leib hoch,
nimmt uns ein, macht nirgendwo halt,
bis wir's ihr gleichtun.
langsam beginnen die füße
sich zu wehren.

WILHELM LEHMANN

Ahnung im Januar

Münchhausens Horn ist aufgetaut,
Zerbrochene Gefangenschaft!
Erstarrter Ton wird leise laut,
In Holz und Stengel treibt der Saft.

Dem Anruf als ein Widerhall,
Aus Lehmesklumpen, eisig, kahl,
Steigt Ammernleib, ein Federball,
Schon viele Male, erstes Mal.

Ob Juniluft den Stier umblaut,
Den Winterstall ein Wald durchlaubt?
Ist es Europa, die ihn kraut?
Leicht richtet er das schwere Haupt.

So warmen Fußes, Sommergeist,
Daß unter dir das Eis zerreißt –
Verheißung, und schon brenne ich,
Erfüllung, wie ertrag ich dich?

Mond im Januar

Ich spreche Mond. Da schwebt er,
Glänzt über dem Krähennest.
Einsame Pfütze schaudert
Und hält ihn fest.

Der Wasserhahnenfuß erstarrt,
Der Teich friert zu.
Auf eisiger Vitrine
Gleitet mein Schuh.

Von Bretterwand blitzt Schneckenspur.
Die Sterblichen schlafen schon –
Diana öffnet ihren Schoß
Endymion.

Februarmond

Ich seh den Mond des Februar sich lagern
Auf reinen Himmel, türkisblauen.
In wintergelben Gräsern, magern,
Gehn Schafe, ruhen, kauen.

Dem schönsten folgt der Widder, hingerissen.
Die Wolle glänzt, gebadete Koralle.
Ich weiß das Wort, den Mond zu hissen,
Ich bin im Paradiese vor dem Falle.

Windiger Februar

Dicht unter dem Monde brütet die Elster,
Ihr langer Schwanz steht über dem Nest.
Bitterer Wind tanzt mit der Erde,
Bis er als Staub aus dem Arm sie läßt.

Der Staub füllt meine Augenhöhlen,
Wie wenn ich schon bei den Toten ruhte;
Rot ist der Staub, als ob er blute,
Denn der Wind riß ihn der Erde vom Herzen.

Hinter vergessener Dreschmaschine,
Auf die der flüchtige Truthahn fällt,
Bespringt der Bock die wartende Ziege –
Leichtsinnig erneuert sich die Welt.

Gelockt von der Elster, brüten die Lüfte
Und schmeicheln
Verstockten Eckern, gefrorenen Eicheln
Wurzelhaare, Blättermund ab.
Prospero entsinnt sich immer,
Nie verliert er seinen Stab.

Anhang

Verzeichnis der Autoren, Gedichte und Druckvorlagen

I. A.: verschenkter Rat. Gedichte. Frankfurt a. M.: S. Fischer, 1978. (1–5) – © 1978 S. Fischer Verlag GmbH, Frankfurt a. M.

Des Knaben Wunderhorn. Alte deutsche Lieder. Gesammelt von Achim von Arnim und Clemens Brentano. Krit. Ausg. Hrsg. und komm. von Heinz Rölleke. Bd. 3. Stuttgart: Reclam, 1987. (Universal-Bibliothek. 1252.)

H. C. A.: ein lilienweißer brief aus lincolnshire. gedichte aus 21 jahren. Hrsg. und mit einem Nachw. von Gerald Bissinger. Frankfurt a. M.: Suhrkamp 1978. (suhrkamp taschenbuch. 498.) (1, 2) – © H. C. Artmann, Salzburg.

G. B.: Sämtliche Werke. Stuttgarter Ausgabe. In Verb. mit Ilse Benn hrsg. von Gerhard Schuster. Bd. 1: Gedichte 1. Stuttgart: Klett-Cotta, 1986. (1, 2) – © 1948, 1983 Arche Verlag AG, Raabe + Vitali, Zürich. (1) – © 1986 J. G. Cotta'sche Verlagsbuchhandlung Nachfolger GmbH, Stuttgart. (2)

JOHANNES BOBROWSKI (1917–1965)

J. B.: Gesammelte Werke. Hrsg. von Eberhard Haufe. Bd. 1: Die Gedichte. Stuttgart: Deutsche Verlags-Anstalt, 1987. (1, 2, 4, 5)
J. B.: Gesammelte Werke [...]. Bd. 2: Gedichte aus dem Nachlaß. Stuttgart: Deutsche Verlags-Anstalt, 1987. (3, 6)
© 1987 Deutsche Verlags-Anstalt GmbH, Stuttgart.

BERTOLT BRECHT (1898–1956)

B. B.: Gesammelte Werke in 20 Bänden. Hrsg. vom Suhrkamp Verlag in Zsarb. mit Elisabeth Hauptmann. Bd. 8: Gedichte 1. Frankfurt a. M.: Suhrkamp, 1967. – © 1967 Suhrkamp Verlag, Frankfurt am Main.

GEORG BRITTING (1891–1964)

G. B.: Gesamtausgabe in Einzelbänden. [Bd.:] Gedichte 1919–1939. München: Nymphenburger, 1957. (1)
G. B.: Gesamtausgabe [...]. [Bd.:] Gedichte 1940–1951. München: Nymphenburger, 1957. (2)
Mit Genehmigung von Ingeborg Schuldt-Britting, Höhenmoos.

BARTHOLD HINRICH BROCKES (1680–1747)

B. H. B.: Im grünen Feuer glüht das Laub. Ausgewählte Gedichte. Weimar: Kiepenheuer, [1975]. (1–5) [Die Orthographie wurde behutsam modernisiert.]

PAUL CELAN (d. i. Paul Antschel, 1920–1970)

P. C.: Mohn und Gedächtnis. Gedichte. Stuttgart: Deutsche Verlags-Anstalt, 1952. – © 1952 Deutsche Verlags-Anstalt GmbH, Stuttgart.

MATTHIAS CLAUDIUS (1740–1815)

M. C.: Sämtliche Werke. München: Winkler, 1968. (1, 2)

ANNETTE VON DROSTE-HÜLSHOFF (1797–1848)

A. v. D.-H.: Sämtliche Werke in 2 Bänden. Hrsg. von Günther Weydt und Winfried Woesler. Bd. 1. München: Winkler, 1978.

GÜNTER EICH (1907–1972)

G. E.: Gesammelte Werke. Hrsg. vom Suhrkamp Verlag in Verb. mit Ilse Aichinger und unter Mitw. von Susanne Müller-Hanpft [u. a.]. Bd. 1: Die Gedichte. Die Maulwürfe. Hrsg. von Susanne Müller-Hanpft und Horst Ohde. Frankfurt a. M.: Suhrkamp 1973. (1–6) – © 1973 Suhrkamp Verlag, Frankfurt am Main.

JOSEPH VON EICHENDORFF (1788–1857)

J. v. E.: Werke. Bd. 1: Gedichte. Versepen. Dramen. Autobiographisches. Textred.: Jost Perfahl. Einf., Zeittafel und Anm. von Ansgar Hillach. München: Winkler, 1970. (1–3, 5–8)
J. v. E.: Werke in 6 Bänden. Bd. 1: Gedichte. Versepen. Hrsg. von Hartwig Schultz. Frankfurt a. M.: Deutscher Klassiker Verlag, 1987. (4)

THEODOR FONTANE (1819–1898)

Th. F.: Werke, Schriften und Briefe. Hrsg. von Walter Keitel und Helmuth Nürnberger. Bd. 6. München/Wien: Hanser, ²1978.

WALTER HELMUT FRITZ (geb. 1929)

W. H. F.: Schwierige Überfahrt. Gedichte. Hamburg: Hoffmann und Campe, 1976. (1) – © 1976 Hoffmann und Campe Verlag, Hamburg.
W. H. F.: Bild und Zeichen. Hamburg: Classen, 1958. (2, 3) – Mit Genehmigung der Verlagshaus Goethestraße GmbH & Co. KG · Claassen Verlag, München.
W. H. F.: Die Zuverlässigkeit der Unruhe. Neue Gedichte. Hamburg: Hoffmann und Campe, 1966. (4) – © 1966 Hoffmann und Campe Verlag, Hamburg.

FRIEDRICH VON HAGEDORN (1708–1754)

F. v. H.: Sämmtliche Poetische Werke. 3 Tle. Tl. 3. Hamburg: Bohn, 1757. [Die Orthographie wurde behutsam modernisiert.]

ULLA HAHN (geb. 1946)

U. H.: Spielende. Stuttgart: Deutsche Verlags-Anstalt, 1983. (1) –
© 1983 Deutsche Verlags-Anstalt GmbH, Stuttgart.
U. H.: Unerhörte Nähe. Stuttgart: Deutsche Verlags-Anstalt, 1988.
(2, 3) – © 1988 Deutsche Verlags-Anstalt GmbH, Stuttgart.

MARGARETE HANNSMANN (geb. 1921)

M. H.: Rabenflug. Neue Gedichte. Stuttgart: Klett-Cotta, 1987. (1)
– © 1987 J. G. Cotta'sche Verlagsbuchhandlung Nachfolger GmbH,
Stuttgart.
M. H.: Raubtier Tag. Gedichte. Stuttgart: Klett-Cotta, 1989. (2–4) –
© 1989 J. G. Cotta'sche Verlagsbuchhandlung Nachfolger GmbH,
Stuttgart.

GEORG PHILIPP HARSDÖRFFER (1607–1658)

Epochen der deutschen Lyrik. Hrsg. von Walter Killy. Bd. 4: 1600–
1700. Hrsg. von Christian Johannes Wagenknecht. München: Deutscher Taschenbuch Verlag, 1969. (dtv wissenschaft. 4018.)

ROLF HAUFS (geb. 1935)

R. H.: Felderland. Gedichte. München/Wien: Hanser, 1986. (1–3) –
© 1986 Carl Hanser Verlag GmbH & Co., München.

FRIEDRICH HEBBEL (1813–1863)

Hebbels Werke in 10 Teilen. Hrsg., Einl. und Anm. von Theodor
Poppe. Tl. 1: Gedichte. Mutter und Kind. Berlin/Leipzig/Wien/
Stuttgart: Bong, [1906]. (1–4)

HANS-JÜRGEN HEISE (geb. 1930)

H.-J. H.: Ein bewohnbares Haus. Gedichte. Frankfurt a. M.:
S. Fischer, 1968. (1, 2) – Teil 2 von *Dieser Sommer* separat und
modifiziert u. d. T. *Langsam* in: H.-J. H.: Die Sprache des Windes.
Gesammelte Gedichte in zwei Bänden. Bd. 1. Weilerswist: Verlag
Landpresse, 1998. – © Hans-Jürgen Heise, Kiel.

HERMANN HESSE (1877–1962)

H. H.: Gesammelte Werke in 12 Bänden. Bd. 1: Stufen. Die späten
Gedichte [...]. Frankfurt a. M.: Suhrkamp, 1970. – © 1970 Suhr-
kamp Verlag, Frankfurt am Main.

GEORG HEYM (1887–1912)

G. H.: Dichtungen und Schriften. Gesamtausgabe. Hrsg. von Karl Ludwig Schneider. Bd. 1: Lyrik. Hamburg/München: Ellermann, 1964. (1, 2)

FRIEDRICH HÖLDERLIN (1770–1843)

F. H.: Sämtliche Werke und Briefe. Hrsg. von Günter Mieth. Bd. 1. München: Hanser, ²1981.

LUDWIG HEINRICH CHRISTOPH HÖLTY (1748–1776)

L. H. Ch. H.: Gedichte. Weißenfels: Bohn, 1815. (1–4) [Die Orthographie wurde behutsam modernisiert.]

DIETER HOFFMANN (geb. 1934)

D. H.: Ziselierte Blutbahn. Gedichte. Stuttgart: Deutsche Verlags-Anstalt, 1964. (1) – © Dieter Hoffmann, Frankfurt am Main.
D. H.: Drei ländliche Bilder. Gedichte. Mainz: v. Hase & Koehler, 1989. (2–6, 8, 10) – © 1989 von Hase & Koehler Verlag KG, Mainz.
D. H.: Eros im Steinlaub. Gedichte. Neuwied/Berlin: Luchterhand, 1961. (7, 9) – © Dieter Hoffmann, Frankfurt am Main.

HUGO VON HOFMANNSTHAL (1874–1929)

H. v. H.: Gedichte. Frankfurt a. M.: Insel Verlag, 1970. (Insel-Bücherei. 461.)

RICARDA HUCH (1864–1947)

R. H.: Gesammelte Werke. Hrsg. von Wilhelm Emrich. Bd. 5: Gedichte, Dramen, Reden [...]. Köln/Berlin: Kiepenheuer & Witsch, 1971. – © Alexander Böhm, Rockenberg.

PETER HUCHEL (1903–1981)

P. H.: Chausseen Chausseen. Frankfurt a. M.: S. Fischer, 1963. (1, 4) – © 1963 S. Fischer Verlag GmbH, Frankfurt am Main.
P. H.: Sternenreuse. München: Piper, 1967. (2, 6) – © 1967 Piper Verlag GmbH, München.
P. H.: Gesammelte Werke in 2 Bdn. Hrsg. von Axel Vieregg. Bd. 1: Die Gedichte. Frankfurt a. M.: Suhrkamp, 1984. (3, 5) – © 1984 Suhrkamp Verlag, Frankfurt am Main.

ERICH JANSSEN (1897–1968)

E. J.: Die nie gezeigten Zimmer. Lyrik und Prosa. Düsseldorf: Claassen, 1968. – © Hermann Jansen, Stadtlohn.

BERND JENTZSCH (geb. 1940)

(1) Sommer 124
(2) Dieser eine Herbst 177

B. J.: Quartiermachen. Gedichte. München/Wien: Hanser, 1978.
(1, 2) – © 1978 Carl Hanser Verlag GmbH & Co., München.

GOTTFRIED KELLER (1819–1890)

Winternacht 221

G. K.: Sämtliche Werke und ausgewählte Briefe. 3 Bde. Hrsg. von
Clemens Heselhaus. Bd. 3. München: Hanser, ²1963.

JUSTINUS KERNER (1786–1862)

Im Winter 217

Epochen der deutschen Lyrik. Hrsg. von Walter Killy. Bd. 8: 1830–
1900. Hrsg. von Ralph Rainer Wuthenow. München: Deutscher
Taschenbuch Verlag, 1970. (dtv wissenschaft. 4022.)

SARAH KIRSCH (geb. 1935)

(1) März 75
(2) April 79
(3) Dem Mai 91
(4) Der Winter 245
(5) Wintermusik 245
(6) Schnee 246
(7) Eisrosen 247

S. K.: Schneewärme. Gedichte. Stuttgart: Deutsche Verlags-Anstalt,
1989. (1, 2, 5, 7) – © 1989 Deutsche Verlags-Anstalt GmbH, Stutt-
gart.
S. K.: Rückenwind. Ebenhausen b. München: Langewiesche-Brandt,
1977. (3) – Mit Genehmigung der Deutschen Verlags-Anstalt
GmbH, Stuttgart.
S. K.: Katzenleben. Gedichte. Stuttgart: Deutsche Verlags-Anstalt,
1984. (4, 6) – © 1984 Deutsche Verlags-Anstalt GmbH, Stuttgart.

WULF KIRSTEN (geb. 1934)

W. K.: die erde bei meißen. Frankfurt a. M.: Suhrkamp, 1987. (1–4)
– © 1987 Suhrkamp Verlag, Frankfurt am Main.

FRIEDRICH GOTTLIEB KLOPSTOCK (1724–1803)

F. G. K.: Oden. Ausw. und Nachw. von Karl Ludwig Schneider.
Stuttgart: Reclam, 1966 [u. ö.]. (Universal-Bibliothek. 1391.)

KARL KROLOW (geb. 1915)

K. K.: Schönen Dank und vorüber. Gedichte. Frankfurt a. M.: Suhr-
kamp, 1984. (1, 2, 10, 11) – © 1984 Suhrkamp Verlag, Frankfurt am
Main.
K. K.: Alltägliche Gedichte. Frankfurt a. M.: Suhrkamp, 1968. (Bi-
bliothek Suhrkamp. 219.) (3, 6) – © 1968 Suhrkamp Verlag, Frank-
furt am Main.
K. K.: Nichts weiter als Leben. Neue Gedichte. Frankfurt a. M.:
Suhrkamp, 1970. (Bibliothek Suhrkamp. 264 [recte: 262].) (4, 7, 9) –
© 1970 Suhrkamp Verlag, Frankfurt am Main.

K. K.: Landschaften für mich. Neue Gedichte. Frankfurt a. M.: Suhrkamp, 1966. (edition suhrkamp. 146.) (5, 8, 12–14) – © 1966 Suhrkamp Verlag, Frankfurt am Main.

REINER KUNZE (geb. 1933)

R. K.: eines jeden einziges leben. gedichte. Frankfurt a. M.: S. Fischer, 1986. (1, 2) – © 1986 S. Fischer Verlag GmbH, Frankfurt am Main.
R. K.: auf eigene hoffnung. gedichte. Frankfurt a. M.: S. Fischer, 1981. (3) – © 1981 S. Fischer Verlag GmbH, Frankfurt am Main.

WILHELM LEHMANN (1882–1968)

W. L.: Gesammelte Werke in 8 Bänden. Hrsg. von Agathe Weigel-Lehmann, Hans Dieter Schäfer und Bernhard Zeller. Bd. 1: Sämtliche Gedichte. Hrsg. von Hans Dieter Schäfer. Stuttgart: Klett-Cotta, 1982. (1–5) – © 1982 J. G. Cotta'sche Verlagsbuchhandlung Nachfolger GmbH, Stuttgart.

NIKOLAUS LENAU
(d. i. Nikolaus Niembsch Freiherr von Strehlenau, 1802–1850)

N. L.: Sämtliche Werke. Briefe. Hrsg. von Hermann Engelhard. Stuttgart: Cotta, 1959. (1–6)

HERMANN LENZ (1913–1998)

(1) September 182
(2) November 196

H. L.: Zeitlebens. Gedichte 1934–1980. München: Schneekluth, 1981. (1, 2) – © 1981 Franz Schneekluth Verlag, München.

DETLEV VON LILIENCRON
(d. i. Friedrich Adolf Axel Freiherr von Liliencron, 1844–1909)

(1) Vorfrühling am Waldrand 34
(2) Märztag 69
(3) Dorfkirche im Sommer 107
(4) Einen Sommer lang 107
(5) Schöne Junitage 125
(6) Auf dem Kirchhof 155

D. v. L.: Werke. Hrsg. von Benno von Wiese. Bd. 1: Gedichte. Epos. Frankfurt a. M.: Insel, 1977. (1–6)

OSKAR LOERKE (1884–1941)

(1) Gartengewitter 109
(2) Hochsommerbann 110
(3) Leise Herbsttage 162
(4) Herbstsage 163
(5) Schwebend im Schnee 224
(6) An einem Wintermorgen 225
(7) Winterstille 226

O. L.: Gedichte und Prosa. Hrsg. von Peter Suhrkamp. Bd. 1: Die Gedichte. Frankfurt a. M.: Suhrkamp, 1958. (1–7) – © 1958 Suhrkamp Verlag, Frankfurt am Main.

CHRISTOPH MECKEL (geb. 1935)

(1) Mitte Oktober 192
(2) Im Winter 243

Ch. M.: Nebelhörner. Gedichte. Stuttgart: Deutsche Verlags-Anstalt, 1959. (1, 2) – © Christoph Meckel, Berlin.

CONRAD FERDINAND MEYER (1825–1898)

   (1) Schwüle 106
   (2) Fülle 154

C. F. M.: Sämtliche Gedichte. Nachw. von Sjaak Onderdelinden. Stuttgart: Reclam, 1978 [u. ö.]. (Universal-Bibliothek. 9885.) (1, 2)

EDUARD MÖRIKE (1804–1875)

   (1) Er ists 54
   (2) Im Frühling 55
   (3) Septembermorgen 179

E. M.: Gedichte. Ausw. und Nachw. von Bernhard Zeller. Stuttgart: Reclam, 1977 [u. ö.]. (Universal-Bibliothek. 7661.) (1–3)

FRIEDRICH NIETZSCHE (1844–1900)

   (1) Vereinsamt 155
   (2) Der Herbst 156

F. N.: Gedichte. Hrsg. und Nachw. von Jost Hermand. Stuttgart: Reclam, 1964 [u. ö.]. (Universal-Bibliothek. 7117.) (1, 2)

HEINZ PIONTEK (geb. 1925)

   (1) Sonntag im Frühsommer 115
   (2) Indian Summer 135
   (3) Vor herbstlichen Hügeln 172
   (4) Herbststrophen 173
   (5) Herbst 173
   (6) Grasgarten im September 185

H. P.: Die Rauchfahne. Neue Gedichte. Esslingen: Bechtle, 1953. (1, 6)
H. P.: Wassermarken. Gedichte. Esslingen: Bechtle, 1957. (2)
H. P.: Mit einer Kranichfeder. Gedichte. Stuttgart: Deutsche Verlags-Anstalt, 1962. (3, 4)
H. P.: Klartext. Gedichte. Hamburg: Hoffmann und Campe, 1966. (5)
© Heinz Piontek, München.

JOHANNES POETHEN (geb. 1928)

J. P.: risse des himmels. Gedichte. Esslingen: Bechtle, 1956. (1–3) – © 1956 Bechtle Verlag. Mit freundlicher Genehmigung der F. A. Herbig Verlagsbuchhandlung GmbH, München.

RAINER MARIA RILKE (1875–1926)

R. M. R.: Sämtliche Werke. Hrsg. vom Rilke-Archiv in Verb. mit Ruth Sieber-Rilke, bes. durch Ernst Zinn. Bd. 2: Gedichte 2. Wiesbaden: Insel-Verlag, 1956. (1)
R. M. R.: Sämtliche Werke [...]. Bd. 1: Gedichte 1. Wiesbaden: Insel-Verlag, 1955. (2–4)

JOACHIM RINGELNATZ (d. i. Hans Bötticher, 1883–1934)

J. R.: Das Gesamtwerk in 7 Bänden. Hrsg. von Walter Pape. Bd. 1: Gedichte I. Zürich: Diogenes, 1994. (1, 2, 6, 7) – © 1994 Diogenes Verlag AG, Zürich.
J. R.: Das Gesamtwerk [...]. Bd. 2: Gedichte II. Zürich: Diogenes, 1994. (3–5) – © 1994 Diogenes Verlag AG, Zürich.

ULRICH SCHACHT (geb. 1951)

U. Sch.: Lanzen im Eis. Gedichte. Stuttgart: Deutsche Verlags-Anstalt, 1990. (1) – © Deutsche Verlags-Anstalt GmbH, Stuttgart.
U. Sch.: Dänemark-Gedichte. Hauzenberg: Edition Toni Pongratz, 1986. (2, 4) – © 1986 Edition Toni Pongratz, Hauzenberg.
U. Sch.: Scherbenspur. Gedichte. Zürich: Ammann, 1983. (3) – © 1983 Ammann Verlag AG, Zürich.

ERNST STADLER (1883–1914)

E. St.: Der Aufbruch. Leipzig: Verlag der weißen Bücher, 1914. (1–6)

THEODOR STORM (1817–1888)

Th. St.: Sämtliche Werke in 2 Bänden. Bd. 2. München: Winkler, 1951. (1–6)

GEORG TRAKL (1887–1914)

G. T.: Werke. Entwürfe. Briefe. Hrsg. von Hans-Georg Kemper und Frank Rainer Max. Nachw. und Bibl. von H.-G. Kemper. Stuttgart: Reclam, 1984 [u. ö.]. (Universal-Bibliothek. 8251.) (1–8)

LUDWIG UHLAND (1787–1862)

L. U.: Gedichte. Ausw. und Nachw. von Peter von Matt. Stuttgart: Reclam, 1974 [u. ö.]. (Universal-Bibliothek. 3021.)

UNBEKANNTE VERFASSER

Des Knaben Wunderhorn. Alte deutsche Lieder. Gesammelt von Achim von Arnim und Clemens Brentano. Krit. Ausg. Hrsg. und komm. von Heinz Rölleke. Bd. 1. Stuttgart: Reclam, 1987. (1) [Die Orthographie wurde behutsam modernisiert.]
Epochen der deutschen Lyrik. Hrsg. von Walter Killy. Bd. 2: 1300–1500. Hrsg. von Eva und Hansjürgen Kiepe. München: Deutscher Taschenbuch Verlag, 1972. (dtv wissenschaft. 4016.) (2)

GEORG VON DER VRING (1889–1968)

G. v. d. V.: Die Gedichte. Gesamtausgabe der veröffentlichten Gedichte und eine Auswahl aus dem Nachlaß. Nachw. von Christoph Meckel. Hrsg. von Christiane Peter und Kristian Wachinger. Ebenhausen b. München: Langewiesche-Brandt, 1989. (1–8) – © 1989 Langewiesche-Brandt KG, Ebenhausen bei München.

CHRISTIAN WAGNER (1835–1918)

Ch. W.: Gedichte. Zeichnungen von Gunter Böhmer. Hrsg. von Ulrich Keicher mit einem Vorw. von Albrecht Goes. Stuttgart/Aalen: Theiss, 1973. (1, 2)

WALTHER VON DER VOGELWEIDE (um 1170 – um 1230)

Epochen der deutschen Lyrik. Hrsg. von Walter Killy. Bd. 1: Von den Anfängen bis 1300. Hrsg. von Werner Höver und Eva Kiepe. München: Deutscher Taschenbuch Verlag, 1978. (dtv wissenschaft. 4015.) (1, 2)

KARL ALFRED WOLKEN (geb. 1929)

Der Verlag Philipp Reclam jun. dankt für die Nachdruckgenehmigung den Rechteinhabern, die durch den Textnachweis und einen folgenden Genehmigungs- oder Copyrightvermerk bezeichnet sind. In einigen Fällen waren die Rechteinhaber nicht festzustellen. Hier ist der Verlag bereit, nach Anforderung rechtmäßige Ansprüche abzugelten.

Gedichtüberschriften und -anfänge

Reihe Reclam

Gebundene Bücher in schöner Ausstattung
Eine Auswahl

Charles Baudelaire:
Les Fleurs du Mal · Die Blumen des Bösen
Französisch / Deutsch
Übersetzung von M. Fahrenbach-Wachendorff
Anmerkungen von H. Hina
Nachwort von K. Kloocke. 514 S.

James Boswell: Journal
Ausgewählt, übersetzt und herausgegeben von H. Winter. 501 S.

Emily Brontë: Sturmhöhe
Übersetzung, Anmerkungen und Nachwort von I. Rein. 470 S.

Wilhelm Busch: Ausgewählte Werke
Herausgegeben von G. Ueding. 652 S.

DADA total
Manifeste, Aktionen, Texte, Bilder
Herausgegeben von K. Riha und J. Schäfer. 384 S.

Deutsche Aphorismen
Herausgegeben von G. Fieguth. 395 S.

Deutsche Balladen
Herausgegeben von H. Laufhütte. 647 S.

Deutsche Gedichte
Eine Anthologie
Herausgegeben von D. Bode. 373 S.

James Joyce: Dubliner
Übersetzung und Anmerkungen von H. Beck
Nachwort von W. Erzgräber. 339 S.

Franz Kafka: Erzählungen
Herausgegeben von M. Müller. Nachwort von G. Kurz. 366 S.

Der Koran
Aus dem Arabischen übersetzt von M. Henning
Einleitung und Anmerkungen von A. Schimmel. 631 S.

Friedrich Nietzsche: Also sprach Zarathustra
Ein Buch für Alle und Keinen
Nachwort von J. Simon. 371 S.

Ovid: Ars amatoria / Liebeskunst
Lateinisch / Deutsch
Übersetzt und herausgegeben von M. v. Albrecht. 294 S.

Schöne Geschichten!
Deutsche Erzählkunst aus zwei Jahrhunderten
Herausgegeben von P. v. Matt. 605 S.

Gustav Schwab:
Die schönsten Sagen des klassischen Altertums
1035 S.

Stechäpfel
Gedichte von Frauen aus drei Jahrtausenden
Herausgegeben von U. Hahn. 399 S.

Laurence Sterne: Leben und Meinungen
von Tristram Shandy, Gentleman
Übersetzung von O. Weith. Nachwort von W. Wolff. 792 S.

Philipp Reclam jun. Stuttgart